榊原守郁史記

―安政五年～明治二十二年

校訂・編集　フラーシェムN・良子

桂書房

兼（妻）　守郁

榊原守郁

（上段）左より　不明、てる、里、佑一

（下段）左より　唯次郎、榊原守脩、兼、三田村伯母

写真提供　河内山道友

河内山寛方（河内山家８代）

榊原守典（榊原家７代）

（河内山家９代）守時（唯次郎）、かね（兼）、守郁（榊原家８代）

はじめに

本書は「榊原守郁史記」[1]と題する罫紙に墨筆で書かれた墨付二百三十三枚の文書である。筆者は榊原守典[2]の嫡子三郎兵衛守郁で、文書所蔵者は河内山道友氏[3]である。この文書が榊原家ではなく、河内山家で所蔵される理由は、恐らく守郁の二男唯次郎守時が、河内山家へ婿養子となられている関係で、守時が敬愛する生家の父守郁や、祖父守典の足跡を、その日々に綴られた父の日記から書き写されて、大切に保存されたことによるものと推測される。

文書は守郁の父守典が、安政五年（一八五八）十月十一日小松御馬廻に任命され、守郁も同じく小松へ赴任する事になった時から、明治二十二年（一八八九）七月六日、七十三歳で亡くなる五ケ月前までの、三十二年間に亘る記録で、正に表題に示される「史記」にふさわしい守郁の、壮年期から老年期までの、日々の足跡を刻した人生一代記録なのである。

先ず赴任地小松への旅から、家族・親族の小松への訪問・交際・出産・結婚・病気・転居・死去・職務

(1)字思斉、榊原家八代、守典嫡子、百三十石、詩に巧だった、後出「由緒帳」参照のこと。
(2)通称三郎、字逸翁・拙処・三痴・子常、儒学者、今枝内記の臣榊原家七代を継ぎ、安政六年（一八五九）から文久三年（一八六三）小松在勤、学を好み詩文・南宗画・書に秀れ、楷書で孝経を一紙に書くのを日課とし、その数千四百本、「金城風藻」「蘆城風藻」著、明治八年（一八七五）八十五歳亡
(3)金沢市材木町（旧備中町在）半左衛門を祖とする十二代目、知行二百石、後出「由緒帳」参照のこと。

等々が詳細に記録され、この一家の祖先に対する崇敬の思いは、年忌法会は勿論、祥月命日・月命日の墓参はもとより、金沢へ出張の折にも度々寺への訪問がみられ、その態度は守郁が父母に対し、御両尊様と記している事でも感ぜられ、又父守典の兄であり、守郁にとっては伯父である上田作之丞(4)に対しても、大人と表現し、出沢の折には頻繁に、又丁重に接しており、彼の死に際し、悲歎悲涙に堪えず、と痛恨の情を示し、如何に尊敬する人であったかを知る事が出来る。

守郁の父守典は著名な儒者であり、書・画・詩その他趣味豊かな、そしてその何れもその道の達人であった人物であり、守郁も又趣味その他を同じくする人であっただけに、その何れの道の人々との交流も、想像以上に多彩である事に驚かされる。上級・中級・下級の武士、又町人の区別なく、同じ趣味の上では、その区別が全く感ぜられない親密さで交流され、それらの人々との会合場所、その日の出席者名、会合の様子が毎度記録され、初めて知る場所が多く、又一寸立寄った友人宅でも、それが朝・昼・夜常に酒の入ったものであった当時の生活に驚かされる。又赴任地小松は、諸国から御城下金沢への客が、その上り下りに立ち寄り、又金沢在住の武士・有名町人達が、旅への途中での立ち寄りや、小松近辺の温泉への湯治・遊山の往復に訪問し、守郁自身も知人・友人の湯治先を尋ね、交流する様子も記録されている。

大坂から来訪の心学道話師の講話には、女性達も聴聞に出掛け、又種々の催物、能・芝居見物・山遊び・浜遊びなど、夫婦家族共々楽しむ姿や、町の銭湯へも夫婦で出掛ける微笑ましい情景も記録されている。

この記録の中で注目されるのは、動乱の幕末維新期の社会の逼迫した諸相、武士の行動・思惑など限りは無いが、時代も文久（一八六一）に入ると、いよいよ当藩でも数少ない勤王家の活動が見られるようになり、その活動の表舞台である京都への往き帰りに、彼等が立ち寄り、物議騒然とした状況を語り、京都

の様子は只々驚くばかり、と当地の者にはとてもその現状把握は理解し難いものであった様子で、加賀藩でも銃卒の調練が近くの安宅で行われ、銃卒奉行が任命され、越後高田藩の出陣兵士の止宿を目にし、京都御守衛兵士の任命で、榊原家でも嫡子が世子慶寧の江戸出府御供に命ぜられ、文久三年（一八六三）後半には、公武奏議紛々の中、不穏な京都の状況に、諸国の情報者の往来は、昼夜急使・早追等めまぐるしく、小松では金沢間のそれらの動きに、人心胸々とある。そして元治の変では榊原家も京都御守衛に出張、慶寧の京都引き揚げについては、金沢市中の風評、殿中での諸説は湧くが如しとあり、当藩勤王佐幕両論紛議の様子は、簡単に筆に尽くし難しとしていて、如何に大事件であったかを知る事が出来る。この後勤王活動に当たった藩士の処罰があったが、つい先頃まで身命を賭して活躍していた彼等の姿を知るだけに、書くに忍びないものがあったのだろう、守郁の胸の内は、何一つ記録されていないのが残念である。

慶応三年大坂詰で出張、薩州・土州等の動向を見聞し、不穏な状況に人心胸々、そしてこの年も秋になると、形勢探索の命を受けた京詰の御家老の動きがあり、十二月大政奉還、将軍の辞職、二条城引払い大坂へ、又尾州・越前の諸候も、大坂から京へお帰りと、世情非常な昏冥不穏な状態で、幕府御老中方の混乱振りが示され、薩摩の大坂邸焼失から市中が大騒動、老幼者の大坂立ち退き、家財道具の川運送持ち出し、大坂・京都間は情報不通の有様で、将軍も大坂城から江戸へ船で引き揚げられると、薩摩・長州勢が

(4) 耕、字竜郊・幻斉、居所名拠遊館、上田清右衛門次子、老臣本多家の臣、二百五十石、兄八百記の辞仕により十九歳から読書・算数を教え家族を養う、本多利明に才を愛でられた、明倫堂で学んだが実用不適の学を止め、小松習学所・越中高岡の郷校・今石動中義堂で実学重視の教授を行い、時事論説は奥村栄実に嫌われたが、長連弘一派に信頼され、讃同する党を黒羽織党と呼び、藩政に貢献したり、又言動禁止となった時もあって、沢山の著書あり、元治元年（一八六四）七十七歳亡

国許や京都から大坂へ入り込み、そのような状況のもとで、大坂市民は既に幕府を見限り、幕政・幕吏への悪口・雑言に反し、薩長軍を迎えて歓声満城に振う、と市民の豹変振りは驚嘆に堪えず、としている。

明治維新の混迷の中、榊原家も新政府のもとで、数々の新しい職務についているが、旧藩主一家と、藩士とのその後の関係も示されており、次第に旧武士達も新しい時代の中で、不馴れな商いの道に四苦八苦の様子もみられ、庭の木の実や、桑の葉を売って生計の足しにしたり、蜜蜂養蜂や茶の木の栽培も試みたりと、自給自足よりも、少しでも家計の足しに、を心掛けた事を知る事が出来る。この家では特に江戸時代から、土地や家屋敷の売買が多かったようである。

廃藩置県後は、詩吟の会や書画の展覧会等盛んに催されており、又明治六年（一八七三）十一月三日、当時の天長節からは、戸毎に日の丸の旗の掲揚が義務付けられ、明治十五年（一八八二）六月十四日、この年から以後、毎年六月十四日・十五日には、尾山神社で神事能が興行される事になったのは、現在の「金沢百万石祭り」のイベントの始まりと言えるのではないか。又明治十七年（一八八四）には守郁のいとこ夫婦が、県費による現在の、東京上野の東京芸術大学へ国内留学をしており、同十九年（一八八六）には博物館で、唱歌の講習会が開催され、見学も出来た様子である。又早くは文久三年（一八六三）三月十七日、当藩初の軍艦発機丸(5)が、夜中安宅沖を航行、宮腰港着艦とあり、これでは下関廻りであった事が判明し、従来この艦の宮腰への航路不明、とされていた事の解明の一助になろうかと思われる。

又卯辰山開拓時から、非常にその後の活躍著しい蘭法医師の活動状態であるが、明治十二年（一八七九）金沢市中の蘭法医と漢方医の割合は四対六で、まだまだ蘭法医の診療を受けるなどは、高嶺の花を思わせる感があるのだが、この家では病人が出た折、当時有名な蘭法医師の人々が往診に訪れており、これまで

に蘭法医師が一般民家への往診と言う実態は、紹介をみていなかった事実だけに、例えこれが一例であろうと、非常に興味深く、又非常に参考となる価値ある記録である。

明治十二年（一八七九）、この家では守郁の甥である石黒五十二(6)の英国ロンドン洋行が記されており、東京―金沢間が、二時間三十分を切る速さで結ばれた現在に比べ、その百三十年前の頃は、金沢から伏木で一泊、船で直江津そして一泊、それから下街道を東京へ五日を要し、又四日市から船で横浜、そして東京の場合は四日を要した旅は、今後の百年で、どのような変化をもたらすのであろうか。

兎に角、長い間の身分制の厳しい、門閥封建体制が、黒船の来航から急激に変化し、混迷を極め、遂に幕府が崩壊し、版籍奉還、廃藩置県を経て、一国体制の天皇を頂点に、実力・能力・人材登用主義の、合議立憲政体の近代国家樹立を目指し、西欧諸国に追い付け、追い越せの勢いで、先ず人間も、頭の頂上から足の先まで、大変革をした明治近代社会の、過渡期の両者を体験し、懸命に生きた先人の、誠に貴重な生き様は、胸に響く熱いものを感じる事の出来る、三十二年間の稀少な大切な記録である。

フラーシェムN・良子（翻刻）

(5)文久二年（一八六二）横浜で購入した鉄製蒸気船、巾四間（七・二米）長二十七間（四八・六米）七十五馬力、二百五十屯、旗印白地剣梅輪内紺色、慶応二年（一八六六）改造し錫懐丸と改称、徳田寿秋『軍艦発機丸と加賀藩の俊傑たち』北國新聞社

(6)明倫堂教授石黒千尋百五十石の次男、七尾語学所で学び、英国留学、東京帝国大学理学部教授、明治二十四年（一八九一）工学博士、海軍技監として各鎮守府の工事に従事、同四十年貴族院議員、大正十一年（一九二二）六十八歳亡

榊原守郁史記　目次

例　言

一、文体及び字句は原則として原本に従った
一、句読点を付け、難読字には脇に（　）かなを付けた
一、固有名詞の字体は原本に従い、他は常用漢字を使用
一、異体字・国字・難字・同義字・同音字は脇に（　）をつけ正体字を示した
一、元文の片仮名はそのままとした
一、虫食い・判読不能の字は□とした
一、漢字のかな読み之は平かなでのとし、有レ之・為レ致・無レ是非等は読み下しのままとした
一、分かり易くするため適宜改行をした
一、判読不明の文字は横に（カ）（ママ）とした
一、欄上注は原本ままとし、解読者注には※印をつけた
なお榊原家・河内山家の家族・親族関係については両家由緒書を参考にしてほしい。

※金沢南町火事

安政五年十月十一日

家君小松御馬廻命らる

同六年己未十月十一日

小松表へ引越、家属（族）一統出立、此日天気晴、暁天上途、親戚送別、湊廻り午後四時小松京町旅籠商尾山屋源右衛門方へ到着、指当り居宅之無ニ付、当分右尾山ニ同居の事ニ治定。同組の人々等日々来客多し

翌十二日　小太郎日雇和介等人足荷物引廻し夕景到着

同　日　暁天金沢南町片岡貸家より失火、五六軒類焼

十六日　家君御番入、村上与一同道也

十八日　家君那谷寺迄御閑行

廿一日　高井叔母君守直同道来訪

廿三日　守直帰家ニ付守脩同道出沢

高林孫兵衛景寛(7)小松御作事奉行出役中なり来訪、吉田伝兵衛小松御馬廻命られ候ニ付来書

廿七日　高井叔母君帰家、守直馬場三番町家屋四貫目ニ払候旨

(7)景寛《かげひろ》・子栗・晩翠・蒼翠、百石、能美郡代官、本吉湊裁許、歌の師田中躬之、「白山百首」著、明治十四年七十四歳亡

※高岡逸見文九郎
※越中水橋波災害
※氷見田中屋権右衛門
末子病死
※広瀬旭荘
※集学所
※富山長門守様御薨去

十一月四日　姉君守脩同道来訪、上田喜久馬[8]作之丞事来訪、高岡高原屋文九郎[9]来訪逸見又一方舟事
越中水橋当三日高波ニテ潰家之有

七　日　右門姉君帰ニ来ル、八日同道帰家也

九　日　高畠紀堂[10]鍋屋伊平事来訪、氷見田中屋権右衛門[11]来書、塩鰤ヲ送ル

廿三日　守直高崎栄次郎[12]同伴来訪、廿四日両人共帰家也

廿七日　大原亮太郎妻病死の旨来書小林穆翁娘ニて母様娘なり

晦　日　上田喜久馬中仙道通リ江戸行ニ付来宿、翌十二月朔日出立

十二月五日　野崎他吉郎[13]清次事来訪、六日朝帰家

十一日　守直帰家、昨日十日来宿

六年九月出生十二月十一日　暁七時過小児すえ女病死、僕埋葬妙慶寺[14]せしむ

十六日　広瀬謙吉[15]旭荘当年五十三歳来遊、十八日夜集学所[16]ニて中庸講釈聴聞ニ行、廿日出立松任へ行

廿　日　富山侯長門守様[17]御薨去の旨廻状到来斉藤与右衛門[18]当廿四日病死の旨同人せがれ真次郎より来書

晦　日　無事静閑老幼団座守歳

安政七年庚申閏三月改元、万延元年

元　旦　椒《しょう》酒祝元正人日、守直大工三右衛門同道来宿九日両人共帰家

※修道館

正月十三日　守脩辻孝三(19)同道出沢、二月十日帰家

廿一日　修道館(20)文武稽古初、出座

---

(8)虎之助・作之丞、二百五十石、上田八百記弟が父、叔父は上田作之丞、榊原守典、老臣本多家々臣

(9)又一・方舟・在綱・有秋・舫斉、越中高岡町役人、蔵宿、勤王家、詩文・書画に秀る、明治後駅逓司、権判事、史生、明治八年（一八七五）五十二歳亡、妻は山本道斉妹

(10)米護《よねもり》・高得、金沢町人、蔵宿、歌の師田中躬之、学会を起し門人を教導、「紀堂茶話」著、明治三十四年（一九〇一）七十二歳亡

(11)月江・水哉・雪島・有声・蛾城・寅親・保常・痩哉・三仙居文譲、越中氷見の豪商、四代権右衛門の元禄十四年から代々町年寄役の家柄、この人は九代目、人格温厚篤実、天文暦学・易学・俳諧・詩文・書・画特に墨梅の文人画に秀る、「憲令要略」「応響雑記」著、（「応響雑記」上下二冊桂書房より出版）この十六日後の十一月廿五日五十六歳亡

(12)正固《まさかた》、百石、明倫堂読師、文久三年（一八六三）京都御守衛、元治元年（一八六四）京詰・越前葉原出張、慶応二・三年京詰、金谷御住居番、明治三年（一八七〇）三十一歳

(13)清次《きよつぐ》　二十五俵、割場附足軽小頭、榊原三郎兵衛手先御用、割場支配御歩並、下士、民政方御用、明治三年三十九歳

(14)金沢蛤坂にあり号安養山、浄土宗

(15)豊後日田の詩人、安政六年（一八五九）北陸に来遊、松任本誓寺や宮腰銭屋壱太郎家に寄宿、能登を巡り「日用瑣事備忘」の著あり。

(16)集(修)学所　寛政六年（一七八四）京町に設立された小松の郷校で、小松学問所とも言った、後改称し修義堂とも言った、榊原守典筆「集義」の扁額は小松市芦城小学校が所蔵

(17)富山藩十代藩主前田利保《やす》　六十七歳亡

(18)支全、百石　御算用場奉行、御勝手方奉行

(19)重暉《てる》　五十俵、奥村源左衛門給人、居合・剱術・近習頭・小銃隊教師、明治三年（一八七〇）三十歳

(20)安政頃小松で文武修業した所

長井兵吉先生歿

※釈尊式

三月三日　井伊掃部頭ヲ暴殺ス、此日江戸雪降ル

※上田作之丞紹介で小川幸蔵来訪

二月三日　那谷独行、燕《つばくら》粟津(津波倉)より行、高塚・月津へ廻り帰ル、長井陶斉先生[21]死去の旨同人せかれ平次郎より来書

六　日　村上与一有沢[22]小兵部組外へ指加えられ金沢へ引越

十五日　暁天八時過より集義堂釈尊式見学ニ出座、高井叔母たち十三日来宿、十八日帰家

廿二日　守脩出沢

三月四日　山本章太郎[23]来訪伊右衛門咸斉せかれなり上京の旨

七　日　守直来宿、九日母様守直御同道ニて御出沢

十一日　林三郎左衛門[24]君能美郡御代官命られ候旨、十一日普為聴来書

十三日　森兆雪上京の旨ニて来宿、兆雪言、当三日江戸桜田ニて水戸浪士数人大老井伊掃部頭侯を暴殺すと云

十六日　岡田静山先生[25]、淡堂兄、河瀬酔斉翁同道山代入湯の旨ニて来訪、閑話刻を移ス、午後家君と三子を今江ニ送る

十九日　鶴来の医者小川[26]一方せかれ幸蔵[27](三)曽て三都ニ遊学し頗る情耽(慷慨の意カ)家也、今度叔父幻斉様添書を以越前福井藩士吉田貞蔵[28]へ遊学の旨ニて来訪、閑話数刻

廿一日　母様御帰家、守脩・守時御□□ニ参り、徳蔵も御供ニて帰ル、徳蔵ハ廿二日帰ル

廿二日　新保屋平兵衛[29]湖夕同道山代へ行、岡田先生等を訪ふ

閏三月四日　野崎他吉郎京都詰の旨ニて来訪、高畠紀堂来訪

五　日　中町能登屋次郎兵衛家作買上今日引移

九　日　守直来宿、十日帰家

十三日　小川仙之助(30)母儀病死案内十六日到来、林三郎左衛門君実姉也

十八日　金刀自・守脩・順子・敏子同道出沢、廿九日三女并林徳之助大野うはおます同道帰家

廿　日　成瀬迂斉君(31)家来玉伊定右衛門(32)鷹狩の旨ニて来訪、廿二日同舟鷹狩見物、獲物多し

---

(21)在寛《ありひろ》・寛郷・子毅・葵園・董斉・董居、百石　明倫堂助教・御書物奉行、董其昌の書風に秀る、「趙注孟子異同纂要」著、万延元年（一八六〇）八十二歳亡

(22)貞久・二百石　御馬廻頭、魚津御馬廻、小松御馬廻　文久三年（一八六三）隠居

(23)老臣長家の医師

(24)又一・徳孝　百石、御普請道具調奉行、割場横目、元治元年隠居し三郎斉と改名、明治三年亡。先祖は越前朝倉義景一族、金岩姓、尾州荒子近く金岩村住、利家に召出され荒子七人衆の一人、姉は榊原三郎兵衛の妻

(25)之式《ゆきのり》・助右衛門・松斉・拙松翁、三百五十石、大小持組頭、謙信流兵学を修め、海防・軍備・西洋流銃法につとむ。安政三年（一八五六）軍艦建造の必要を建議したが、費用莫大の理由で賛同得ず、南宗画をよくす。「能登名勝図巻」「関原名勝図巻」著、明治四年六十六歳亡

(26)忠安　石川郡小柳出、壮年期御郡奉行内藤十兵衛の家僕となる。産医として鶴来に住み小柳屋敦賀と称した。幸三忠篤の父、明治八年（一八七五）六十五歳亡

(27)忠篤・士信・三義・靖斉、京都・江戸で医学・儒学を学び、文久二年（一八六二）藩侯上洛を建言し罰せられ、後許され定番御歩並、禄三十五俵、勤王活動に挺身、元治の変（一八六四）に処刑さる、二十九歳

(28)東篁・篤・蒙斉・江湖山、下級藩士、幼年より学を志し崎門派の儒学を修め、藤田東湖・梅田雲浜・梁川星巌らと交る。藩校明道館助教となったが横井小楠と論合せず去る。私塾門下から橋本左内・由利公正・矢島立軒・本多修理・鈴木主税等が出て非常な勢があった、明治八年（一八七五）六十八歳亡

(29)正逓・湖夕・秀蘭扉、姓鈴木、金沢町人、恬静寡欲の人柄で、家業の余暇を和歌・簫筆を好み、毎月小松梅林院の連歌会に出席し、藩から白銀を賞賜さる、慶応三年七十三歳亡

(30)正明、明治元年北越戦に銃隊長として百六名を卒し柏崎占領、長岡奮戦足を負傷した。

※浅野屋佐平

※野村円平

※中屋彦左衛門死

廿五日　河波豊太郎[33]来宿名有道号龍渕

晦廿九日也　金刀自分等四人、林徳之助・おます・乳母同道来帰、徳之助晦日帰家守脩四月十三日帰家

四月二日　浅野屋佐平[34]茂枝来訪、山代入湯の旨

三　日　きそ子・順子・乳母同道那谷寺へ行

五　日　野村円平[35]空翠来宿、十二日帰家

八　日　岩崎七郎左衛門来訪、山代入湯

十三日　高崎栄次郎守脩同道来ル

十四日　守直夫婦子供同道来宿

十六日　守直夫婦子供、高崎空翠十六日ニ八本吉へ行、同日又来宿等寄宿客皆帰ル

十九日　三田村半助[36]温宗来訪、午後早々帰家

五月朔日　きそ子帰家ニ付唯次郎はつとも同道出沢、移住後初て出沢ニ付、幻斉様初類家縁者旧知音等応酬来往、日々多忙

七　日　橘窓中屋彦左衛門[37]病死来報、出沢半也

八　日　守直・唯次郎同道小松へ行、老生猶滞留、十二日　姉君同伴帰家

万延元年五月朔日

出沢、移住後初ての出沢ニ付諸所閑遊日記、朔日朝六半時上途々中岡田助三郎[38]・岡田雄次郎[39]・

(40)河内山栄末ニ逢、近日を約して別る、妙慶寺へ参拝、(41)武部幸之助・(42)岡本三郎大夫ニ逢(43)竹舎へ到着、酒飯後土田へ尋訪、一浴晩景古道へ投宿

---

(31)当職《まさもと》・内蔵助・掃部・子典・晴雪・楽山・八千石、公事場奉行・御家老兼御勝手方・寺島蔵人の説に賛同し免職、詩に長じ、墨梅蘭竹画に秀れ、「迂斉詩集」著、慶応元年（一八六五）七十四歳亡

(32)定章・懐遠・成瀬家の給人、七十石　明治三年六十六歳

(33)有道・棕園　老臣本多家々臣、明倫堂で学び書物取調役で知識を得る。村田蔵六に蘭書を学ぶ、明倫堂助教、家塾を開き廃藩後各種学校で教導す、明治二十三年（一八九〇）六十九歳亡

(34)茂身・茂幹・策平・策柄・麻舎、金沢の町人、扇子商、町役人、歌の師田中躬之、金沢町会所横目肝煎兼遁送方の職で幕末期度々京に使し、上方の情勢を藩に報ず、元治の変に永牢、慶応元年（一八六五）獄死、五十二歳、「茂枝七巻」著

(35)栖霞、金沢町人、八田屋、日雇業・酒造業、謡曲・弾琴・和歌・茶道・囲碁等諸芸に通じ、諸国名家と交る、「空翠詩稿」「空翠詩鈔」「梅花百絶」著、慶応元年八十二歳亡

(36)新七　百三十石、盗賊改方御用、今石動御用、刑獄寮二等、刑法所書記、藩宰刑法掛り、史生刑法掛り、明治三年四十三歳、妻は榊原守郁娘、弟駒次郎

(37)金沢の家柄町人、老舗薬種商十一代目、同家歴代中最も商才に長じ、全国に販圏を広めた。詩・書をよくし、茶道にも通じた文化人、明治十一年（一八七八）明治天皇御巡幸の折に行在所となった、現長町老舗記念館

(38)之孝《ゆきのり》　淡堂　三百五十石

(39)正忠・乾州・棣、五百石、藩主斉泰に従い嘉永六年江戸詰・江戸近海防備、高岡町奉行、壮猶館航海学生頭取、発機丸軍艦頭取、同軍艦奉行、明治後徴士・参政・大参事・鉄道敷設に当る、明治三十年（一八九七）六十一歳亡

(40)昌保《より》　四百五十石、明治三年四十歳

(41)亦策・生知《おきなか》　百七十石、荻野流砲術師範、文久三年上京御供、英国製砲術御用、壮猶館御筒弾薬奉行、新流砲術製造方棟取、軍艦棟取、猶竜丸で長崎より耶蘇宗門人を藩へ運送、明治三年四十二歳。

(42)孝和《より》　百二十石、寺社方、宗門改方、慶応二年和州金剛山・摂州等出陣、明治民政寮会計寮、明治三年六十一歳

(43)石黒嘉左衛門千尋・九十九の家の名前、百五十石、国典を鈴木重胤に、橘守部・田中躬之に歌を学ぶ、明倫堂教授、明治後皇学講師・文学教師、明治五年六十九歳亡、長男右門・九六、次男五十二

※中屋彦十郎大病
※妙慶寺玄海宴会

二日　午後三田村(44)主斗(計)ニて酒飯、篠島(45)主馬、高崎へ尋向、土田へ投宿、髪月代

三日　紀堂鍋伊兵衛ヲ訪、桂庵在宿小話、酒飯後能登屋孫七、竹舎空翠、野村円平ヲ訪、関稽古所へ寄、叔父龍郊大人ニ謁ス、酒飯ヲ賜ク、晩景窪田(46)左平蘭洲ヲ訪、閑話俄ニ安井(47)和介彦洲ヲ招キ共ニ閑話、且昇龍笛数曲、終ニ窪田ニ一宿ス

四日　竹舎ヲ訪、土田ニて午飯後古道ニて晩餐酒肴、又竹舎ニ帰宿、此日竹舎翁・上原(48)勘十郎・高崎栄次郎・空翠・妙慶寺・三田半助土田迄尋らる、不在不逢

五日　七番丁ニて午飯、溝落七左衛門野崎他吉郎実父なり来訪、午後江守(49)新八郎端山・山田(50)左助履堂・岡田勘右衛門翠斉へ訪、武部幸之助ニて酒、林(51)助大夫ニて酒一酌、岡田静山ヲ訪、助三郎淡堂病臥、珍話数刻、晩景安井彦洲・窪田蘭洲ヲ招かれ奏楽数曲、酒飯盛饌、帰宿土田

六日　昨日田中(52)善左衛門来訪の旨、妙慶寺空翠来訪、龍郊大人へ伺候、片山太右衛門雀鳳・林(53)省三・音地太郎兵衛関誓古所・魚渕(54)石黒堅三郎尋訪、二番丁ニて午飯、後橘窓中屋彦十郎を訪大病なり、妙慶寺へ行、此日玄海(55)和尚予か為ニ奏楽莚(宴)を開ク、酒飯請供、会者岡田静山・安井彦洲・窪田蘭洲・石黒魚渕・高井椿凌酋継・瀬尾(56)東摩・同息藤兵衛・吉村孫六・吉野(57)瀬兵衛・片山雀鳳・片岡伝右衛門・玄海和尚・老生共十有三人・田中善左衛門生を此席ニ訪、薄暮古道へ投宿

七日　七番丁・二番丁ニて髪月代、龍郊大人ニ謁し瑞光寺(58)拝参、上田(59)清右衛門・河波豊太郎・稲垣此母懸海・豊嶋(60)洞斉安三郎・三島(61)続静猷・山田六郎・小林穆翁へ尋訪、七番

(44)定形　三千三百石、定火消後、能州黒嶋在番、御奏者番兼小松御城番、明治三年三十三歳
(45)清緯《つぐ》　二千五百石、明治五年四十歳
(46)秀実《ひでみ》・秀澄　三百石　改作奉行・江戸詰中製造方、会計奉行、表御納戸奉行、元治元年京都御守衛、魚津御馬廻御番頭百石加増、明治三年五十一歳
(47)顯比《あきちか》・士順・青軒・綿山　二百二十石、幼少より学を好み詩文をよくす、永山平太、東方芝山と交る、改作奉行・軍艦奉行・明治後徴士、軍防局会計頭取締、越後府判事、金沢藩権大参事、知事公議人・県議院議員・前田家家扶、前田家の為に藩史編纂に当る、明治二十六年（一八九三）六十九歳亡
(48)随道《ゆきより》　百石、定番御歩、安政六年竹沢御屋敷御番、所口御馬廻、三等上士、文学教師加り、明治四年三十四歳亡、田井天満宮高井氏方、榊原守郁いとこ。
(49)端山・隆《ひら》中　五百五十石　割場奉行・御台所奉行、大筒頭、文久二年（一八六二）江戸御供、同三年京都・金剛山等出役、元治元年（一八六四）水戸浪士出役、明治三年（一八七〇）四十一歳
(50)履祥《ゆきとみ》　二百石　壮猶館御筒奉行、製薬奉行、産物方御用、改作奉行、銃隊御馬廻、御勝手御用主附、明治元年京詰、砺波・射水御郡方御用、勧農局主事、大属租税掛、家従御財用方主務、大属、砺波・射水郡治掛、民政掛、明治三年四十五歳、本多政均暗殺目撃者、明治三十年七十二歳亡
(51)越前朝倉義景の臣を祖とし、没落後一類の者が住む石川郡林村へ越す、浅井鷹五郎の給人、文久二年(一八六二)亡
(52)正和・宗林　百五十石　老臣横山家臣、九代隆盛時代奥小将組、御納戸役、弓足軽頭、御近習頭、元治元年京詰の留守中給人組支配御用番、十一代隆平時代その功により子正厚宇平太は給人組となる、明治二年隠居
(53)公庸　百五十石　前田家々扶、榊原守郁いとこ、石黒五十二妹の夫
(54)晩香・九如、百五十石、平田篤胤に国学、田中躬之に歌を、鈴木重胤に神典を学ぶ、明倫堂読師、慶寧の近習、産物方・軍艦方棟取、大坂留守居役、明治後民部省庶務局、高崎県小参事、伊勢神宮教本院、大講義、「山比古」「旭桜雑誌」著、明治二十二年（一八八九）七十四歳亡
(55)妙慶寺十六世住職、正しくは源海
(56)東馬・尚義　五十石、永原権大夫孝敬に仕える、明治三年四十九歳
(57)新兵衛　三輪藤兵衛給人、鎗術入情で賞さる、足軽頭、安政三年（一八五六）不届事あり御扶持召放、後横山中務給人、娘養育料として三人扶持給さる。
(58)金沢市本多町、号江西山　臨済宗

※大野で舟遊び

※鼓雲館

※松涛館

丁ニて午飯、午後逐釣、大野御船小屋前、舟中ニて奏楽同遊託堅ハ岡田静山・竹舎翁・彦洲・蘭洲・魚渕・□村九左衛門・空翠五十二・[62]唯次郎也、舟行遂ニ戸水村ニ至リ帰ル、夜[63]高崎十左衛門ヲ訪、酒飯請供土田ニ投宿

八日 二番丁[64]石黒澗叟栄之助事を訪午飯振舞、午後成瀬迂斉君ヲ訪て小話数刻、岡嶋東山・山本咸斉を訪て高井へ行、此日楽会岡田静山・安井産洲・窪田蘭洲・山田履堂・石黒魚渕・林喜太五郎・[65]佐々木駟之介・瀬尾・吉野・雀鳳・咸斉・片岡也・高井ニ止宿、[66]河瀬兵左衛門土田へ来訪

九日 成瀬二番丁七番丁[67]篠島主馬へ行、三田村主斗・[68]関兵次郎・林助大夫出会、鎗術演習、午後酒飯盛饌、古道へ行、晩飯小川仙之助・武部幸之助来会閑話、七番丁へ帰宿

十日 今日古道大翁小松御代官所巡見ニ付、暁天出立ニ付行、河瀬兵左衛門岡田へ松斉・淡堂と小話、経武館関兵次郎方鎗術定日ニ付、妙慶寺拝礼、玄海和尚小話、途中三田村半助・豊嶋洞斉ニ逢ふ・岡田翠斉を訪ふて午飯す、七尾の酒一瓢を贈らる、[69]狩谷判平芳斉・篠嶋李圃・[70]三田村寡亭を訪、七番丁ニて午飯、二番丁へ行、此日岡田松斉鼓雲館ニ雅遊を催し予を促さる、然れとも今日ハ兼て迂斉君予カ為に松涛館ニて吟集の約あり、故を以て松斉先生へ謝す、午後八時過松涛館行、山本咸斉・野村空翠相会す、酒飯盛饌、帰途高井へ寄、竹舎へ宿ス

十一日 窪田・安井・紀堂七番丁へ行、夜彦洲と蘭洲を訪話、夜半又竹舎へ帰宿、[71]村田義左衛門来訪の旨、不逢

※小松八幡社

十二日 姉君同伴帰家、上途の節七番丁菱屋彦兵衛・菱池へ寄り、又龍郊大人ニ謁し、町端ニて姉君同道夕七時帰着

十三日 三郎左衛門君未出役中なり、小曽部大和守(72)小松八幡神職両翁を招飲す

十四日 林翁公事相済帰家、高井叔母君来宿、母衣町弥太母子陪従来ル

---

(59)永貞・清江　二百五十石、老臣本多家給人、父八百記死後弘化四年相続、足軽頭、慶応元年（一八六五）水戸浪士の件に出張、大目付役歩頭、同三年上京御供、叔父上田作之丞・榊原守典、明治三年四十歳

(60)毅《たけし》　百石、京・江戸で勉学、幕儒杉原平助塾々頭、旗本石川又四郎に招かれ教導を受く、板倉伊予守屋敷内学校教授、明倫堂書籍出納方・同文学教師、文久時代内密御用で京へ使し、帰国後役職被免、蟄居、明治元年許さる、明治三年四十八歳

(61)元亀　長大隅守家の与力、慶応元年亡

(62)守時　榊原守典孫、守郁次男で備中町河内山家九代、慶応元年新兵組召出、御筒調理役、明治二年三等上士、二百石、昭和三年（一九二八）八十一歳亡

(63)（注12）の父　善行　百石、明倫堂訓導

(64)百五十石、斉広時代新番組、右筆、元治元年亡

(65)泉山・守直、泉玄の子、明治十九年（一八八六）五十三歳亡

(66)寛介慶応二年十六歳の祖父、四百石、寛介父左門慶応二年亡くなり祖父の跡は寛介が相続した。

(67)清緯《つぐ》　二千五百石、明治三年四十歳

(68)勝芳《ふさ》　百石、嘉永六年異国船渡来に深川御蔵屋敷警備、経武館槍術師範、慶応三年京詰、明治元年（一八六八）橋本御門出張、御歩小頭横目、二等上士、明治三年五十四歳

(69)大島桃年・木下晴崖と詩・酒で交り、岡田楊斉に丹青の技を学ぶ、明治八年（一八七五）七十六歳亡

(70)温良・佐七郎、百石、本多刑部与力、公事場御用、寺社方取次役、文久三年（一八六三）亡

(71)履信《とみかた》・儀太郎　百石、明倫堂書物出納・史記書写御用、小松御馬廻、小松御作事奉行、明倫堂助教・文学漢学教師、明治三年五十三歳

(72)小松八幡、小松多太神社神職

※大聖寺侯御宿陣

※泉野で強盗磔刑

※小倉蜫堂

屋敷地拝受

十六日 大聖寺侯当駅御宿陣、十七日御発駕

十七日 姉君・叔母君ほろ町母子共帰家

廿二日 家君致仕願并守脩縁談の義ニ付出沢、二番丁へ投宿

廿三日 古道ニて酒飯、龍郊大人ニ謁し、本多左膳を訪吟談、酒飲請供

廿四日 七番丁ニて大坂の心学道話師河合長左衛門七十二歳の道話聴聞、午飯窪田へ行、安井亦至ル、酒飯紫蘇飯也、晩景竹舎役料の御印物拝受、并支曽女内約熟談ニ付、赤飯相祝候旨ニて澗叟・魚渕・高女・弘女来会

廿五日 竹舎を辞して上途、龍郊大人ニ謁し妙慶寺拝礼、玉泉寺[73]ニて菅廟拝参、守直町端迄送らる、守脩当時下ノ御村迄迎ニ来ル

廿八日 金沢泉野ニ於て、大杉村の極悪重罪強盗磔刑ニ処せらる

六月朔日 守脩出沢、夜集義堂ニて河合長左衛門道話ス、母様・順子・唯次郎聴聞、同廿二日帰家

二　日 夜集義堂道話、母様・金刀自・順女聴聞ニ行、河合三日出立帰坂

十　日 長州萩藩士小倉蜫堂[74]湯浅丈太郎紹介して家君ニ面を乞、不許

十四日 森兆雪京師より帰り昨十三日当所着、昨夕来訪、高談数刻

十五日 兆雪来り昼数幅揮毫、午後帰途ニ就

十七日 土居原拝領地打渡し、改作奉行瀬川嘉一郎出役也

廿四日 新保屋湖夕守脩等同道敷地[75]天神社へ行、舞楽を見る

造知楽亭

守脩縁組願許可

※高岡津島東亭

万延元年庚申

廿八日　守脩出沢、七月廿四日帰ル

廿九日　守直来訪、晦日帰家

七月五日　邸地の一草亭結茶落成、号知楽亭

十五日　守脩と支曽縁組願御聞届ニ付赤飯致ス

八月二日　高岡医東亭津馬元硯養子(76)同苗元逸弟なり京師帰途来訪

十一日　守脩・守時同道出沢、守時廿一日帰家、中秋□年来の清明、吟客会ヲ知楽亭、竹雨(77)中村吉五郎・東嘯富沢敬斉・蘭室長崎健次・松陵湯浅丈太郎・石蕉鈴木原介・鶴見屋次郎右衛門各酒肴携来会、空望月色晴朗徹夜纎翳《(わずかのかげり)》なし、金風玉露、吉江清介(78)来訪粟津入湯帰途

廿　日　若林孫左衛門(79)成瀬迂斉君□仕守簡様以来の旧知也夫婦来訪、山代入湯帰途

---

(73)金沢市六斗林広見菅原神社横に仮屋が残る

(74)松陵・熙《あきらか》　小松町人中斉屋文次郎木堂・寛の息、習学所読師、教諭方・町肝煎兼帯、小松町産物会所入払勘定御用、一代切士族、漢学家塾「学半塾」を嘉永三年（一八五〇）から明治二年まで開く、明治十七年（一八八四）五十九歳亡

(75)江沼郡敷地にある菅生石部神社

(76)本姓渡辺・養順の子、富山藩医木村東詮の婿養子となる、後木村家を去り津島東亭と名乗る。

(77)十七人扶持　小松習学所素読棟取、小松御作事奉行、能美郡山奉行、北海道開拓方御用、少属・商法掛り、越後出陣、会津民政方御用、明治三年三十五歳

(78)伊三郎　百石　定番所歩林伝右衛門息・学校横目・町同心、三十人頭吉江家婿養子、明治四年三十六歳、三等上士・市政局一等

(79)之基　五十石　成瀬家臣、御台所奉行、能登宇出津詰御留守中御用人兼帯、御作事奉行、明治元年軍装主付・魚津詰、明治三年三十七歳

※大聖寺侯御出沢

出沢

帰家

帰家後婚儀

廿一日　守直・守時同道来訪、廿二日　母様守直同道出沢

廿四日　家君と高林景寛・安藤対岳知楽亭ニ終日百詠、此日大聖寺侯(80)飛弾守様利鬯君也御出沢　当所御昼、荒木彦兵衛門・菱池・高畠桂庵来訪、青地ハ粟津へ行、桂庵ハ両三日寄留

九月三日　三田村半助・小川平太郎来訪、半助四日ニ来宿、五日守時・半助同道出沢、此日母上・姉君・守脩陪従帰家、予・金女・敏子寺井迄御迎ニ行

八　日　山本咸斉来宿、十日帰家

十三日　佐賀関助通訪、公役の由

十五日　高井叔母・上原勘十郎来宿勘十郎ハ公役ニ付旅籠屋止宿

十八日　鶴来翠屋畫手箕屋文蔵山中入湯帰途来訪、父子□在佑贈詩

十九日　高井叔母君上原同道帰家、廿一日守時帰家

廿二日　出沢、龍郊大人ニ謁し二番丁へ投宿此度の出沢ハきそ女願相分をして引越させ候ニ付迎ニ行也

廿三日　七番丁午飯、古道へ行投宿晩餐、徳山守人来話同飲

廿四日　七番丁ニて午飯謁龍郊大人、薄暮七番丁へ帰宿

廿五日　七番丁ニ閑居、夜節堂・洲崎(81)伯淳来訪、閑話厚情感悦

廿六日　妙慶寺拝参、支曽女・順子を伴ふて薄暮帰着

廿七日　今日守脩婚儀の祝盃を挙、一家迄ニて赤飯を祝ふ

廿八日　急密議之有出沢、古道七番丁へ立寄二番丁ニ宿ス

廿九日　早起、上田清右衛門へ行、不在ニ付河合(82)三平方へ行、内密示談、午時七番丁ニて

請地願許可

出沢

午飯、二番丁龍郊大人へ伺と又候清右衛門方ニて熟淡、高井・窪田へ寄竹舎ニ止宿

十月六日

晦　日　早行、守直負郭ニ送る、白山神祠ニ拝謁し、晩景帰着

七日八日　水野丈五郎来訪出沢の旨九日ニ招印せしむ水野丈助せかれ明知代官下代

九　日　両日同組振舞、同組ニ相成候後一統一度振舞の習慣の由

竹内駒之助御昼の礼ニ鰤壱尾□持来ル、中屋彦十郎よりも鰤壱尾贈らる、守直来訪、十日帰家

廿　日　早起、金女・守脩・敏女同道出沢、十一月四日三人共帰家

廿四日　兼て拝領地の外、請地願置候処、今日御聞届の旨申来請地弐百歩也

廿七日　夜岡本三郎大夫出役の旨ニて来宿、旧好を話す、廿八日帰家

十一月六日　出沢、謁龍郊大人、投宿竹舎

七　日　守直小松へ行、八日帰家也七日古道へ行、岡田喜内へ行、岡田勘右衛門養子文五郎・養父存意不能旨申出候ニ付、予カ媒酌の趣を以扱方依頼ニ付出沢、併短才甚以当惑、併是非無岡田与一(83)・岡田喜内・竹舎へ示談、勘右衛門・松斉先生等へ日々発送周施致し候得共、何分勘右衛門承引之無、十四日ニ至リ所詮承諾の躰之無、依頼猶竹舎翁と十四

(80)十四代大聖寺藩主、加賀藩十三代斉泰七男、大正九年（一九二〇）八十歳亡

(81)吉江清介兄弟

(82)上田清右衛門・上田閑江の兄弟

(83)直方　千二百石　御馬廻組頭御用番支配、大属、権少参事、学制掛兼兵制掛、集議掛、岡田雄栄直温・一六・朝五郎の父、明治三年五十六歳

※富山藩奇童藤沢健次郎

二月改元
文久元年

御礼人跡御番

日帰家ス

八　日　(84)横山遠江守殿卒去

十四日　富山藩奇童六才藤沢健次郎父同道来吟、此日詩会定日に付、富沢等来吟、健次郎
　席上賦五絶二首頗佳

廿四日　守脩出沢、十二月廿日帰家

廿七日　音地丹之進兄太郎兵衛の書面持参、羊羹弐本恵らる

十二月九日　守直来訪、十日帰家

十七日　来年頭御礼出府人□御番談らる

晦　日　閑無事児と輩守歳

万延二年辛酉正月元旦

一家三夫婦祝元正

人日守直・石黒百尋斉酒肴来宿、九日両人共帰家

十四日　吟会、東嘯・蘭室・松陵来吟、今日初て番入昼番也

廿　日　守脩夫婦出沢、廿五日　守脩・家君御出沢、御迎として帰省

廿六日　家君年頭御礼御出沢、守脩御供致す

二月五日　家君御礼相済守脩御召連御帰家

六　日　父子御呼出し御紙面到来、七日出沢、家君御断也、七番丁へ着、午後親類知音等

日々来訪

隠居家督

十　日　朝二の御丸ニて家君隠居名代林三郎左衛門君命られ、隠居料として本高の内五拾石下され、百三拾石相続、家督命らる、親類知音来祝

十四日　紀堂吟会ニ付行、洞斉・蘭澗・東山・同□

十五日　家督の御礼として登営、夕竹舎父子・林助大夫・河波・洲崎・能登屋孫七等来祝

十七日　蘭洲招飲ニ付行、木村(85)九左衛門・彦洲・魚渕同会

十八日　昨日龍郊大人へ謁し、今日帰家

十九日　きそ女帰家

※能美郡来生寺火災

廿一日　隠居・家督の祝酒同組一統来祝、廿二日同断、廿一日午後八半時頃来客中柿《こけら》来生寺(86)へ火延焼、類焼四十軒余類焼、来客一統御番所へ出頭、夜四時過鎮火後又々一統来飲、暁天至て各発

廿三日　医者・町人・出入の者等四十人斗来祝、此日守直来宿、廿四日守直帰家

廿六日　御番入命らる、守脩・辻孝三同道出沢

三月十七日　岡田静山翁山代入湯ニ付来訪

※伍堂又晋斉

十八日　伍(87)堂晋斉山中入湯ニ付来訪、両客とも立談して去ル

---

(84)老臣横山家十代隆章、三百石、万延元年（一八六〇）五十六歳亡
(85)恕　百五十石　明治三年四十九歳
(86)能美郡園にある真宗東派寺院

※上田作之丞病快気

廿　日　当春御礼跡御番御雇金弐百疋拝受

廿四日　河波龍渕来宿、伍堂晋斉を山中ニ訪ふと云、廿六日帰途又来宿、廿八日帰家

廿七日　独行山代へ行、岡田松斉君を訪ふ、薄暮帰家

四月朔日　岡部馬左衛門・鈴木湖夕同道那天ニ行、赤瀬村ニて午飯、帰路岩上村へ出烏帽子岩を一覧、観音下村破佐羅布橋・金平・勘定の諸村を歴て夜ニ入帰家

五　日　吉田伝兵衛同道佐美・篠原・小塩・橋立・片野・黒崎を経て鹿嶋連山遊覧、吉崎より大聖寺へ出帰家薄暮也

三月廿五日　家君・母君・守脩・守時御召連御出沢、四月七日脩来、君家君当五日より御病褥寒熱強盛、医師会見之無旨に付、病中対面相願候処、中三日の休暇を給ふ

十　日　出沢七番丁へ着、御病体相伺候処、今日ニ至りてハ虚ニ相成、洲崎伯順方等示談ニ行、緩ニ御看病本懐、龍郊大人も病臥之旨ニ付、日々相伺候処、是亦追々御快気ニ相運ヒ大慶

十四日　家君御瘧《ギャク》疾少々宛御快方ニ付、期限満ニ付唯次郎同道龍郊大人へ相伺、是亦日々御快気ニ付上途、夕七時帰家

廿　日　小遣組数右衛門京詰来訪、野崎他吉郎京詰満帰途来訪

廿六日　北村与十郎菓子海参（産）持参、小話

廿九日　能登屋孫七山中入湯、菓子勝魚持参、小話

五月朔日　守脩帰着、家君御瘧疾御全快の旨雀躍

※大聖寺侯夫人御止宿

※逸見文九郎上京

※浅野屋佐平上京

三　日　百尋来訪、四日帰家
七　日　守脩出沢、六月八日帰家
十六日　大聖寺侯大夫人寿正院様(88)当駅御止宿
廿一日　起曽女出沢、六月八日帰家
廿二日　高原屋文九郎上京の旨ニて来訪、小話供午飯六月廿三日帰途又来訪
廿五日　高畠紀堂吉崎行来訪、廿六日帰途又通訪
彗星西北ニ出ると云、当月中旬頃大坂へ異国船渡来、右ニ付新見豊前守(89)・小栗豊後守(90)上坂と云、対州魯船来着
六月八日　御両尊・守脩夫婦□□連夕七時前御帰家
廿六日　浅野屋佐平茂枝上京途中来訪小話
廿八日　守脩・鶴見小十郎(91)同伴出沢、七月十六日帰家
七月六日　金沢学校より御呼立ニ付、守脩名代相勤候処、嘉永六年より万延元年迄の内、五ケ

---

(87)又晋斉、宇都宮維則　九十石、京都の新宮涼庭に入塾、老臣本多家手医者、文久三年京詰、元治元年越前出張、明治三年六十歳
(88)大聖寺藩十代前田利極《なか》夫人、加賀藩十二代斉広娘　明治八年六十三歳亡
(89)正興　閑水、幕臣、外国奉行、二千三百石、明治二年四十八歳亡
(90)忠順《まさ》　旗本、外国奉行・勘定奉行　二千七百石、明治元年四十二歳亡
(91)柄《たもつ》・逵・阜牧・謙堂・九橋・古庵　百四十石、江戸昌平黌で学び明倫堂で教える。文久二年藩命で京へ行き易学を学びつゝ政情を探り貢献したが藩意に反し幽閉、明治元年許され権大属、同二十九年（一八九六）七十七歳亡

袴地拝受

※沢田覚之助

年劔術稽古出情ニ付、御袴地壱具拝領

廿八日　瘧疾相滞今日より御番引、八月十日出動

八月十日　守脩出沢、九月三日帰省、高林景寛来訪、中秋吟会、景寛・近藤研斉[92]常介前田図書家来安藤・富沢・長崎琢堂来会、沢田春松[93]角之助御城付松凌・石蕉有事故会不

廿三日　早起、家君御出沢、僕御召連、九月十四日御帰家

廿七日　国侯御参勤御発駕、前田式部君[94]、林徳之助子御供の由

廿八日　金刀自・順子同道出沢、九月九日三人とも帰家

九月六日　守脩・守時同道出沢、九月十四日家君御供ニて帰家

十四日　佐賀関助上京途中朝来訪

廿八日　守直来訪、廿九日帰家

当秋済時小鳥構えから多し

十月十日　中嶋喜太郎明知代官下代河合也来訪、十三日招飲中島ハ誤也河合[95]喜太郎也市右衛門せかれ

十四日　守脩出沢、廿一日母様御供ニて帰家

山本咸斉来訪、吟会、沢田・富沢来ル

十五日　景寛明日帰郷の旨来訪、林□□左衛門君出役来飲

十七日　母様幾曽女御同道御出沢、二番丁僕・姉迎ニ来ル、廿八日母様御帰家

十一月八日　守脩出沢、十二月廿二日帰家

十　日　蘭室長崎謙次病死

十二月九日　守直来訪、十一日帰家

彦太郎出生

廿七日　竹舎より来報、昨廿六日朝五時きそ女男子出産、則彦太郎と名く

晦　日　当直　無事

文久二年壬戌正月元旦

祝盃献酬賀年来往

十三日　守脩出沢、廿六日帰省

十八日　彦太郎出生届け、唯次郎角入袖下留度旨願出指出

廿一日　修道館文武稽古初、但午後より

老中安藤侯途中負傷

廿七日　江戸大城坂下御門ニて狼藉者老中安藤対馬守殿(96)ヲ負傷致させ候旨、今日金沢より来報

金出産

二月九日　夜六時過金刀自女子生出、名よ曽

(92)常助・恒春　七人扶持、中小将組、慶応三年亡

(93)覚之助・直温《はる》　五十名、小松の人、幼時より句読を学び、儒者木下晴崖や京都で経史・和歌・漢蘭医方を学ぶ、村田蔵六に蘭書、大島圭介に英学を学ぶ、海軍操練所で航海・測量術を学び教授となる、発機丸に乗る。明治四年（一八七一）前田利嗣の英国留学に供し、後朝野新聞社に勤め、投獄され、後許され太政官に出仕、後前田家の文献点査に当る、明治二十九年（一八九六）六十三歳亡

(94)矩《のり》正・数馬　三千石、小松御城番、寺社奉行・公事場奉行、明治三年五十三歳

(95)二十俵外一人扶持　割場付足軽、明治三年四十一歳

(96)信正・君介・鶴翁・晩翠　老中、三万石、和宮御降嫁を奏請、明治二年五十三歳亡

十四日　墓参相願午後上途、古道へ寄、七番丁へ投宿

十五日　能登屋孫七・高畠紀堂竹舎ニて午飯、龍郊大人へ伺ヒ、片山雀鳳・岡本三郎大夫・三田村佐七郎半助父高井へ廻り、七番丁へ帰宿

十六日　三田村半助来談、竹舎翁来訪、妙慶寺拝参、頭黒坂左兵衛(97)古道七番丁へ寄、二番丁へ投宿、魚渕・空翠来訪

此度嫡女順三田村半助と縁談一條ニ付出沢岡本三郎大夫へ媒酌依頼す

十七日　妙慶寺拝参、直様帰途ニ就七時過帰着

十九日　嫡女縁組願書付当廿二日の日付ニて頭田辺仙三郎(98)へ持参、高岡棚田屋(99)錤(湛)六菓子持参小話、且津島北渓(100)・逸見方舟・小曽并菓子・干魚伝付けの分持参

廿九日　守脩出沢　三月廿七日帰家

三月三日　家君御出沢、三月廿七日御帰家

十五日　集義堂釈尊奏楽ニ行

廿七日　家君守脩夫婦・彦太郎御召連七時過帰家

四月六日　篆刻師酒井懶斉・逸見方舟添書持参

八　日　夜田中謙斉方へ行、同人養子発次郎(101)後御医者召出され一庵ト改名、又改信吾西洋養生書講釈、聴聞ニ行、発次郎此頃大坂より帰郷、大坂洋医緒方弘庵塾長致し居候旨、午後明興ニ入

十一日　静山先生・河瀬酔斉山代入湯途中来訪廿五日上湯又来訪不在遺憾

※高岡津島北渓

※田中信吾

十五日　姉君五十二同道御越、十七日帰家田丸妻御同道帰ル十二日来宿也

廿一日　野崎他吉郎上京途中来訪、廿九日守脩・徳蔵同道帰ル

五月十日　大聖寺侯御泊り、上坂平治(102)旅宿へ行、小話

十六日　千秋半之丞(103)本多播摩守殿家来金吾事山中上湯来訪

廿一日　守直豊子同道来訪、廿三日両人共帰家

廿三日　山田良助(104)兼ての約ニて水島茶屋ニて出会、□話夕帰ル

廿五日　柴湖舟行、竹雨・東嘯・徳田琢堂・田中九渕・沢田春松・家君・守脩同道磬（ママ）歓て晩帰

六月八日　高岡棚田屋鍖六来訪、金沢書林中村屋喜平来訪

十七日　守脩・高林景寛公役にて白山へ出役ニ付、辻孝三と同道各登嶽、廿四日帰、即夜

---

(97)景政　五百石　小松御馬廻御番頭、新兵頭、明治二年亡

(98)信武　三百石　小松御馬廻御番頭、銃隊物頭、越後出陣、明治三年五十五歳

(99)明治元年越中高岡に建立した公立学校高岡学館の句読師で、中庸を教授

(100)越中高岡の有名な医家、玄逸の次男彦逸、学者・医者、江戸・京都で長く学び、その間多くの名士と交り、兄の死により家業をつぐ、特に詩文に秀れ沢山の著書あり、文久三年（一八六二）五十歳亡

(101)球外　大坂で緒方洪庵に蘭学・医学を学び塾頭、発機丸の医務をつとめ、慶応元年医学教師、壮猶館翻訳方、卯辰山養生所に勤む、後金沢医学館、金沢病院・尾山病院長、明治三十三年（一九〇〇）六十三歳亡

(102)景充《かげみつ》　三千石　明治三年三十六歳

(103)四百五十石　先祖は熱田神宮大宮司、老臣本多家二代の時金沢へ越し家臣となる。

(104)忠篤　百七十石　明倫堂句読師、訓蒙、御作事奉行、稠松様御抱守、稠松様御供度々、二等上士、明治三年四十九歳

麻疹流行
順縁組願通り命らる
古道奥病死
よそ女死

鶴来煩出し逐日平快

七月朔日 麻疹大流行、難症多し
十二日 嫡女順縁組願通命らる、頭黒坂左兵衛より申談
十七日 守脩出沢中麻疹ニ付、俄ニ駕籠ニて帰家、順症追々快
廿二日 順女麻疹、老僕同断ニて下宿
廿三日 古道奥殿麻疹ニて死去の旨飛脚廿四日到来
廿七日 唯次郎麻疹、彦太郎同断、敏女同断
廿八日 きそ麻疹難症、廿九日金女麻疹、よそ子同断、家内小児共八人麻疹相滞、老僕とも壱人も異儀無、八月中旬頃迄ニ追々本復
八月十四日 佐賀関助大坂詰帰途来訪
十六日 上坂平治出沢、帰途来訪
閏八月五日 劉石秋当駅着、淡画高弟、遊歴
八　日 小児よそ子病死、十日妙慶寺へ埋葬、僕持参
八　日 守直来訪、十日家君守直御同伴御出沢
十六日 棚田屋錤来訪田代琴岳と号す逸見方舟・小川幸三書状伝付
廿二日 家君山本咸斉御同道御帰家
廿三日 家君と咸斉山中温泉行　廿八日上湯、御帰家
九月六日 出沢、守脩同道七番丁へ寄、二番丁へ投宿

服制改革
※鞭さき羽織
順改名嘉女
嘉女嫁
林助大夫病死
※沢田覚之助東行

七　日　三田村半助と七番丁ニて順引移等示談、入日三田村へ行塾談、日々類家、知音等へ発走、龍郊大人へも両度伺ヒ、岡田・窪田等へ行

九　日　上途、妙慶寺拝参、玄海和尚小話、晩景帰家

十　日　今日服装改革布達、当直ニ太刀付鞭さき羽織ニて出勤

十二日　両尊御出沢　廿一日御両人とも御帰家

廿三日　金女・守脩・嘉女・敏子同伴出沢、順女改名嘉、半助妹同称ニ付妹順也　此日山中温泉へ行一宿、成瀬(105)主悦正居入湯、兼て約束ニ付訪フ

廿六日　嘉縁談ニ付出沢、田中九渕同伴七番丁へ投宿寄留中龍郊大人等所々尋訪

廿九日　帰家　此日嘉女三田村へ引移らせ候事

十月十八日　金女・守脩・敏女・婢松同道帰家

十一月六日　守脩田辺内匠同道出沢、十二月三日帰家

九　日　林助大夫病死の旨報知　染物弐端、小判壱両拝領の旨武芸心掛宜旨ニテ

十六日　沢田覚之助来報、兼て願置候測量学江戸修行御聞届の旨

晦　日　沢田春松東行ニ付告別

軍艦乗組ハ今年ニあらす此行田中発次郎ト両人発機丸号、軍艦乗組命られ、安井和介軍艦御横目也

十二月五日　越中・能登在番詰人持組也御馬廻組外同断命らる

(105)二千五百石、権少参事、白山比咩神社祢宜、白山神社献詠集を催し、鶴来金剱神社献詠会を起す、歌の師田中躬之、明治三十五年（一九〇二）七十五歳亡

十一日　上原勘十郎所口能州七尾也御馬廻命らる定番御歩等より遠所御馬廻多人数命らる
十七日　守脩当秋御番御雇ニ付、白銀弐枚拝領
廿二日　上坂平治来訪
廿四日　小太郎・守脩頭田辺へ呼立ニて、御上京ニ付新番組へ打込、御供命られ候旨、此度同様無息ニて御供命られ候人三拾壱名の由右ニ付脩出沢
廿九日　守脩帰家、夜酒・餅団楽守歳

文久三年癸亥正月元旦

初日願軒端の梅も先がけて恥ある年のはしめてをしれ

二　日　守脩出沢　福岡文京都より帰途来訪(106)
八　日　上坂平治来訪、大聖寺侯御出沢、御先詰也
九　日　守直来訪　十一日帰家
正月十二日　出沢、金女・□子・石黒銀左衛門娘同道竹舎へ投宿　金等ハ古道へ　日々諸方発走、龍郊大人・岡田・稲垣此母其外縁家、知音へ尋訪、往来多忙、十五日二ノ御丸ニて年頭御礼申上ル、十九日帰家
廿二日　坪内九兵衛(107)上京途中来訪、当十七日前田上佐守殿(108)并御先手組壱組嶺田左守組斉藤与平組御歩上京発足、十九日ニは青山将監(109)御家老　上京、大聖寺侯金沢より御帰館、上坂来訪

※福岡文平京より帰

年頭御礼出沢

※浅野屋佐平上京

※小川幸三上京

御上京、林徳孝・三田村温宗・守脩モ御供

三田村佐七郎病死、実ハ十日昼死去のよし

廿九日 菅野覚兵衛御膳奉行上京途中来訪、横地辰之助同断

二月朔日 浅野屋佐平御上京ニ付、三度才領の趣ニて探索方御内用等

六日 かね女・敏子・僕・弥助召連夕帰家

八日 小川幸蔵(三)探索方御内用、上京途中来訪、鈴木平介(110)上京聞番方等買物御用

九日 河瀬左門(111)来訪村井又兵衛家来兵左衛門せかれ 海辺等巡覧、兵左衛門も能州へ巡行の由

十一日 林徳之助来訪、御供上京、此度御供一統塗笠ニ相成候由

十二日 中納言様午後八時御着、奥村伊予守殿(112)御供、知音の御供人毎人来訪、守脩御供ニ付来宿、三田村半助御供旅宿へ訪、又来訪、父佐七郎俄今晩病死の処、指懸り候義ニ付、存命中半助発足の趣、南保虎之助(113)・武部幸之助・関助太郎杯も御供也

(106)二百石　与力　勤王家、元治の変に京都の状況を視察、閉門　明治元年許され朝倉集義と改名、大属、明治十二年五十一歳亡

(107)幹類《もとるい》　二百石　御作事奉行、高岡繁久寺再建御用、元治・慶応時代京都詰、明治三年五十八歳

(108)三左衛門・直信　老臣前田家九代　一万一千石、藩主斉泰の上洛に先行、明治元年越後征討軍総指揮、執政、大参事、尾山神社祠官、明治十二年（一八七九）三十九歳亡

(109)憲《のり》次・与三　七千六百五十石、元治の変にその臣福岡惣助・文平勤王家が罰せられ、為に家老被免、明治二十六年（一八九三）六十二歳亡

(110)先祖は武士、後小松町人新保屋平兵衛と名乗る。慶寧に尽力し明治元年士族となる、越後民政方御用、新潟県判事心得、水原県小参事、新潟局大小参事、権少属民政掛、明治七年（一八七四）亡

(111)四十石、御近習詰、御側役、慶応二年亡

(112)栄通《てるみち》・河内守・一万七千石、老臣奥村家十三代、元治の変（一八六四）に世子と上洛、仙洞御所を護衛、執政、明治十年（一八七七）六十六歳亡

※京都不穏
※越前松平春嶽候
※発機丸安宅沖通り宮腰入港
※小川幸三帰京
※京都状況に驚く

中納言様廿九日御参内の由、将軍家二月十三日御発輿の処、中途より御帰城の由、京師騒々敷不穏旨、京都ニ一橋侯慶喜公なり、春嶽侯(114)越前侯也首級暫時預ケ置候旨、張文致し候よし

三月十一日 中納言様当駅御帰着、当二日京都御発駕の由、守脩御供ニて今日当所着来宿、前田土佐守殿・奥村伊予守殿・前田典膳(115)若年寄也御供岡田静山・南保等旅宿へ行、半助・徳之助・村田義太郎・岡田平之進(116)・金谷守人等来訪、岡嶋佐膳(117)御供御用部屋

十二日 御着城、守脩御供、廿六日帰家

十四日 家君・きそ・弥太郎御同道御出沢

十七日 御軍艦発機丸安宅沖航海、宮腰港着艦の由

廿六日 家君・守脩・守時・彦太郎・きそ御同道御帰家

廿七日 大聖寺大夫人松現院様(118)江戸表より御在所へ御引越、当日御着

廿八日 小川幸蔵（三）帰京来訪、将軍家御在京物議騒然の旨

晦　日 鈴木平介京都より帰家、京師模様一々驚愕

四月六日 半助・久米之助・嘉女同伴来宿、七日半助・粂之助帰家

八　日 両尊・嘉女・能登屋孫七父子御同伴ニて山代御入湯十一日御帰家

十四日 (119)奥村内膳殿当城巡見

十五日 能登屋長左衛門孫七弟来宿

十六日 越後高田榊原殿(120)老職中根善右衛門京帰り組士卒共総勢四百人余帰国の旨ニて当駅

※会津藩上京

銃卒奉行

止宿

十九日　会津藩上京、総勢弐十人斗当所止宿家老山崎小介

廿一日　家君御出沢、廿六日高井叔母・守時御同伴御帰家
御(121)守殿様江戸より御引越、廿五日御着城の由

廿八日　高井叔母君・嘉女同道帰家ニ付、松任迄送ル、半助来迎フ

五月二日　古道大翁出役来訪、四日夕招飲、五日帰家

五　日　当所銃卒奉行命らる、町奉行奥(122)村平兵衛兼帯命らる

八　日　出沢、銃卒方へ御達方并ニ種々示談の趣とも之有、日々二ノ丸銃卒方、岡田助右衛門方等発走、外龍郊大人・縁者・知音等訪

十四日　竹舎組武芸御覧ニ付、竹舎翁剱術形打太刀ニ出る

---

(113)一豊・之翁　百八十石　医家、剣術に秀れ経武館師範、異風組兼鉄砲薬合奉行、明治十八年七十六歳亡

(114)慶永・公寧・越前守・大蔵大輔　福井三十二万石藩主、幕末四賢侯の一人で維新の大挙に貢献大、多くの著書あり、明治二十三年（一八九〇）六十三歳亡

(115)孝備《たり》・典勝　一千五百石　老臣前田長種家十一代孝敬一万八千石の父、明治三年五十四歳

(116)百五十石

(117)一孝　二千三百石　明治三年五十二歳

(118)大聖寺藩十二代利義夫人、富山藩主十代利保娘、明治九年（一八七六）四十二歳亡

(119)直温《はる》　一万二千石　老臣奥村家支家十三代目、元治元年三十四歳亡

(120)高田藩十五万石　政敬《たか》　譜代

(121)加賀藩十三代藩主斉泰夫人、父は徳川家斉、溶・偕　明治元年五十六歳金沢で亡

(122)敬明　三百五十石　明治三年四十九歳

※泉野で調練

※安宅で銃卒調練

小松町奉行加り

※米価高騰

若様江戸御出府ニ付御供命られ、御出府ニ及不旨重て命らる

十五日　泉野調練場へ大隊調練見学、隊長ハ岡島[123]喜太郎也

十六日　御用聞合方相仕舞、夕七時帰家

廿二日　高崎栄次郎上京の由ニて来訪

廿五日　御守衛岳士□□弐十人命られ候由新兵組也

六月五日　銃卒方御用ニ付出沢、二ノ御丸壮猶服岡田等へ発走、縁家・龍郊大人・知音等へ模寄〱ニ尋訪、八日帰家

十一日　安宅浜ニて銃卒調練ニ付引率見分

十四日　尾張熱田大宮司松岡斉宮大夫出沢ニ付来訪当年七十六歳

十六日　頭平田[124]良之助より御用ニ付呼立、小松御奉行加り命られ候旨申談也

廿二日　右門・百尋来宿、廿五日帰家

此頃米価小松蔵宿米九拾七匁五分、金沢米百壱匁五分廿九日也

稲垣此母号懸海又九皋当廿五日病死の旨伜丑之助来書

七月四日　守脩御用呼立ニ付、頭御貸家へ罷出候処

筑前[125]守様江戸表御出府ニ付、新番へ打込御供命られ候事

五　日　守脩出沢、両掛鎗持たせ候事、筑前守様御出ニ付暫御見合ニ成

九　日　金女・敏子出沢、廿六日両人守脩同伴帰家

十八日　町奉行加り命られ候ニ付、御横目同所誓紙申来候ニ付出沢、廿一日誓紙相済、今日諸士新流の銃術足並太鼓を禁せられ、改て諸士ハ散兵御取建あるへき旨、銃卒へ勝手

※公武異議紛々人心恐怖

辞職

次第の旨〇御算用場奉行不残辞職と云、廿三日早起、上途、帰家、逗留中諸所相廻り候事
此節公武異議紛々、京師不穏、諸国の急使早追等、日々騒々、小松杯日々金沢の早打北国筋の早追、日々発走、人心怖る

八月四日　千尋翁来宿、六日帰家也
九　日　頭平田へ参り辞職書持参同役奥村平兵衛示談方都て不落合小林平六郎山代入湯、途中来訪田中九渕八月九日帰家の旨七月廿五日大聖寺へ行
十三日　両尊・脩夫妻等出沢、四人共御同伴、九月十五日御帰家、岡田静山・江守端山新八郎事上京御用当所止宿ニ付旅宿へ行
十四日　青山将監殿□□上京、当所通行
廿一日　唯次郎修道館素読卒業見届の旨、頭より申来ル
十九日　林徳之助大津詰ニて当所止宿来訪、別不会、丑刻至て去
廿二日　大聖寺飛騨守利鬯様江戸表御出府、当所御昼上坂平治来訪　小松御城代中絶の所、此頃更ニ命らる
横山蔵人政和出役、旅宿へ行、御本丸へ出ル、御城番(126)奥村助六郎申談候義ハ、臨時固所

(123)一式《のり》　五百石　明治三年四十七歳
(124)有庸《つね》　二百石　明治三年五十七歳
(125)加賀藩十四代藩主慶寧《よしやす》　慶応二年藩主となり加賀守　明治七年（一八七四）四十五歳亡

※大聖寺侯出府延引
河内出張勢日不引払ニ成

平賀屋御門内へ銃卒引率、相揃申可、其上ニて御城代より下知之有可旨

廿六日　大聖寺侯江戸御出府御延引ニて、金城より御引返し、今夜当所町泊り

九月朔日　大音帯刀(127)御家老也上京、新兵頭奥村甚三郎(128)并組士五十人当所止宿、右門・百尋新兵上京ニ付来訪、旅籠宿重九高橋信次郎山代入湯途中来訪、廿二日上湯来訪

十　日　小松御番頭黒坂左兵衛小松御留守居久々中絶命らる

十七日　晩景岡田助三郎(129)淡堂来訪、此節河内金剛山へ浪士籠城、長州より後詰の様子ニ付、御人数御指出の様、幕命ニ付大音帯刀・岡田助右衛門、并新兵頭岡田隼人・奥村甚三郎組共、割場両人同組共出陣命られ候ニ付、助三郎義父子同陣相願、只今出張の旨、別酒傾一盃小話て帰宿、今度御両殿様江戸御出府及不旨等布達アリ

十九日　御使番高山伊左衛門・御横目太田小又助大和へ急発足

廿一日　守脩出沢、十一月十四日守直同道帰家

十月五日　家君と鈴木湖夕粟津へ御入湯、六日御帰家

六　日　御城代御留守居物頭一先帰沢

十一日　上坂平治来話

十二日　岡田助右衛門父子・江守新八郎河内より帰陣、青山将監同断　岡助三郎来訪、嶋津(130)后ニ左右有久光公此頃上京の由、越前春嶽侯も上京の旨

十三日　本多播磨守殿・井口孝左衛門組共帰沢、京都より当所泊り

十六日　両尊・金女・敏子同伴粟津入湯、十七日帰家

積雪三尺余

田中・沢田軍艦乗組命らる

銃卒奉行等御免除

発機丸十二月廿七日品川へ着の旨来報

十一月十四日　晩景田□□次郎来ル、今日金沢より徴命之有旨、守直・守脩同道来訪、十七日帰家、守時并僕粟生迄送ル積雪三尺余

十八日　沢田角(覚)之助来報、今日只今御談ニて江戸御廻しの御軍艦発機丸也乗組命られ候旨、田中九渕も同断乗組命らる

廿　日　田中善左衛門当所銃卒部選為出役、来話、廿二日帰家

廿一日　此度御詮議の趣之有、銃卒奉行御指止ニ付、町奉行加り共御免、此頃積雪五尺余ニ至ル

廿二日　御番入申談

当十五日江戸大城本丸西丸とも炎上、放火の風説あり

十二月二日　田中九渕・沢田春松同道出沢、大雪ニて湊逗留

(126)慎献《みつみち》　一千七百石　明治三年二十七歳
(127)厚義・光雪　四千三百石　明治三年六十二歳
(128)直昌　三百五十石　稠松様御用主付、文久三年・元治元年・慶応三年京都御守衛、大属兵制掛、明治三年五十四歳
(129)之式　三百五十石
(130)薩摩藩七十七万八百石十代斉興の五男、母はおゆら、大隅国重富一万四千石領主、異母兄十一代斉彬の死後久光の長男忠義が藩主となり、後見として藩政の実験を握る。文久三年（一八六三）一千余の藩兵と入京し国事周施し挙藩一致体制をとり公武合体運動の中心となる、生麦事件を起し薩英戦争となる。文久三年再度状況、公武合体運動は成功せず、以後は政府の政策に賛同せず明治八年後は修史編纂につとむ、明治二十年（一八八七）七十一歳亡

五　日　守脩出沢、僕弥助召連弥助六日帰ル　廿四日帰家

廿三日　越後高田藩士五百人斗当駅止宿、将軍上洛ニ付、御先詰の由

晦　日　無事　夜松淩来話　対酌

文久四年甲子此年二月廿日改元　元治元年

元　旦　初日果々、三夫婦団欒、献酬祝元正

十二日　年頭御礼ニ付守脩同道出沢、叔父大人等縁家知音へ発走

十五日　登殿、午後又々諸方廻勤

十六日　竹舎へ岡田松斉父子・空翠招飲ニ付陪飲

十七日　窪田ニて島田勘左衛門陪話

十八日　千尋君今日組外御番頭へ転役

十九日　林省三千尋君代り定番御番頭拝命、十八日夕二番丁祝酒来客多し

帰家上途吉田伝兵衛・村田儀左衛門同伴

二月十一日　百尋京都詰満、帰郷投宿、十二日帰家

十四日　龍郊大人大病の旨報知ニ付、家君御出沢

廿二日　家君百尋御同道御帰家、幻斉様少穏、廿四日百尋帰家

廿三日　出沢、龍郊大人□□、廿五日三嶋続七番丁へ来訪、小話

廿五日　上途、謁龍郊□□妙慶寺参拝、和尚玄海ニ面話、脩同道宮丸ニて家君の御出沢ニ

※越後高田藩士止宿
十二月廿八日将軍家汽船ニて上洛出帆

此頃近年之無寒気

京地模様探索

上田可貞帰省

幻斉君御病死

逢、脩御供致し□返し出沢、夕景帰宅、家君三月八日御帰家、三月廿一日守脩帰省

廿八日　唯次郎修道館素読頭取命らる

福岡文平[131]・青木守衛・小川幸蔵[三]御内用ニて上京途中来訪

廿九日　大聖寺侯御名代として江戸御詰、当所御昼、母様前月より中寒ニて御病臥小快

三月十八日　金沢書林中村屋喜平京帰り来話、鍋屋九兵衛同断

廿七日　守直竹中久之助同道来訪、廿九日守脩両人同道出沢

晦　日　夕雷鳴暴風諫々、石川・能美・江沼山入雪降、菜麦場損ス、高畠桂庵女子同伴来宿、四月三日帰家、逗留中粟津へも行

四月八日　上田作之丞喜久馬直し元与吉事　京都詰中幕府御勘定　龍郊大人大病承知、内願を以暫時帰省の旨来過、午時酒飯して去ル

十一日　水野文助明知代官下代美酒糖菓持参

十二日　作之丞弟外男改虎之助幕臣鈴木某養子同道来訪、帰京上途の旨、龍郊大人昨十一日夜五時御物故の旨、悲嘆愁涙堪不、右両人土居原勘右衛門方へ投宿、十三日作之丞・虎之助を須天村迄送ル

十五日　守脩・土田豊子・嘉女・田丸数右衛門妻同伴帰家

十七日　守脩・豊女・数右衛門妻・土田・三田村両家之僕同道出沢

(131)有制　大野木家給人、六十石、勤王家、国学を江戸で、又田中躬之に学ぶ、元治の変に京都の状況を探索し藩の勤王を進む、捕えられ永牢、明治七年（一八七四）五十三歳亡

筑前守様御上京
守脩御供

新兵指引命らる

上京出立

廿八日　小幡順太郎・狩谷金作・[132]江間三吉御上京御供途中来訪

廿九日　筑前守慶寧公御上京ニ付、当所御泊り、守脩御供宿立、窪田左平蘭洲事・[133]石黒義左衛門判左衛門三八事・金谷守人・辻孝三来訪

五月朔日　浅野佐平御供・鈴木平介聞番方御内用御供上京来訪両人帯刀

廿二日　京都御守衛新兵指引役命らる

廿三日　出沢、新兵頭岡田助右衛門組命らる、廿四日岡田并指引役へ廻勤示合候事、七番丁止宿、夜三島続来話、示後日々発走、親類知音等互ニ尋訪

廿七日　午飯相仕舞上途、薄暮帰家

六月朔日　岡田助右衛門上京、今夕当所止宿、呼立ニ付行、示合

三　日　兵士指引大野真吉等八人当駅止宿

四　日　朝六時過大野等八人并自分共九人同行上途、金津泊り

五　日　福井昼、晩景府中投宿、白鬼女川満水

六　日　今庄昼、木ノ目峠より半原泊り、大暑行旅艱

七　日　疋田ニて三度才許ニ逢、京都表浪士等暴動騒々敷旨ニて急飛脚ニ罷下り候旨申聞ニ付、同役示談の上道中指急夕海津へ着、晩餐湖水舟行、夜船中如蒸

八　日　午後八時過大津へ着船、一飯喫了、入京三条通り丁子屋勘兵衛方一同寄宿、岡田旅宿へ案内旁行

九　日　朝守脩来話、鈴木平介来話

※池亀

十日　筑前守様御宿陣建仁寺御番終日御番所釈迦堂也、脩来訪
十一日　二条関白様御邸詰終日終夜通し、当日関白殿下御参内ニ付随従御送迎、夜六半時過御帰殿
十二日　頭等同道宿陣所妙満寺見分、二条様随従等多忙
十五日　大野貞吉同道五條より清水寺・祇園等見物
十六日　瓦(河原)町御屋敷内へ引移り、建仁寺泊り番
十七日　昨日より下痢難儀見合、江間三折三吉事来診
十八日　鈴木平介・坂井仙之丞・向坂清次鈴木平介弟二条御城付旧幕守脩・[134]窪田左平等来訪□
□時情甚急迫、人心悩々毎々浪士捕縛
廿一日　出勤、二条様□□終夜詰、窪田・鈴木・守脩日々来訪
廿四日　今日より巡邏相始り九門外昼夜共岡田組当り、長州家老某伏見屋敷迄総勢五百余人引率上り候ニ付、昼夜繁々巡邏致可旨ニて、一組宛相廻り候事、同役四五名酒楼池亀ニて一酌、近々出陣の祝盃也、此日関沢[135]六左衛門組当り出張ニて、昨日到着の旨ニて来訪、言此間金沢ニて[136]永原甚七郎ニ承り候所、富山稠[137]松様御抱守命られ候由、必一両日中

---

(132)万里・三折・眞、書画詩に秀れ、慶寧より三吉と改名さる、漢籍・刀圭・詩文を学び藩医となる。明治後前田氏に従い東京移住、各趣味の道で名士と交り、明治三十九年（一九〇六）七十一歳亡
(133)百五十石、先祖は越中木舟城主石黒左近、石黒家七代目
(134)秀澄　三百石　明治三年五十歳

稠松様御抱守命らる

ニ申来可候間、其心得然可旨申聞候事

廿六日　長州勢上京の躰ニ付、所司代より同家留守居呼立尋問の処、関東へ嘆願の趣之有、湖水乗船致度、伏見より大津へ罷通り候旨申答候由、且怪敷旅装は如何と御詰問も之有候由、岡田組ハ奥村伊予守手合命られ、明廿七日朝六半時御屋敷内へ相揃申可旨、今日ハ出張ニ及不毎申談候事

廿七日　同組相揃候所金沢より申来候旨ニて、小松御番頭猪俣直江[138]より岡田・井口への紙面到来、当廿二日稠松様御抱守命られ候旨申談ニ付、此頃の形勢筑前守様御出馬在らる可御模様ニ付、何率今暫時居留り、出陣御用等相勤度内願の趣、書取を以嘆願致候処、毎ニ結構の命を蒙り、何れ罷帰り当御用相勤申可旨命られ、是非無帰装支度ニ取懸り候事、岡田組ハ今朝先阿弥陀寺迄繰出し候事、守脩終日来、鈴木平介来宿の事

廿八日　関沢六左衛門・林松五郎来話、林徳之助大津より来訪

廿九日　今日居留り願御聞届難々成旨伊予守殿申渡され候旨、井口より申談也、朝守脩同道阿弥陀寺へ行、岡田へ願方仕末相違し、且同人并同組の人々へ告別北野天満宮へ拝参、上乗坊[139]小松梅林院先住なりニて□□同所茶店ニて僕とも三人午飯、二条城外見物、室町通り□□ル

七月朔日　朝五時上途、窪田佐平・鈴木平介来送、守脩町端迄送別、町端等警固厳重、其外諸家巡邏殊の外威厳、惣て射篭手陣羽織着篭も之有、諸州諸家の出勢等駅路陸続往来如織、手前大津ニて林徳之助御貸家へ相尋、緩々談話、午飯一酌八時出立、分袂和示駅投宿

※越前家老豹帯刀上京

二日 朝六半時上途、木戸小松ヲ経て海津ニ宿ス、越前勢上京

三日 六時上途、疋田午飯、二ツ屋村投宿、野口・二ツ屋関門厳重

四日 松森ニて午飯、夕麻生津止宿、今日上鯖江ニて越前家老豹帯刀等上京、銃卒弐百八拾人・隊士弐百人余・司令役等諸士拾人斗上京○上鯖江ニて本藩の早追(140)笠間小源太ニ逢う、途中京都の事情大略立談ス

五日 福井入口ニて越前老職山形支銃卒一大隊斗引率上京也、本藩伊予守殿家老庄田并砲率弐拾人斗上京、金津ニて(141)由比勘兵衛の早追ニて上京ニ逢、細呂木ニて高橋信次郎・(142)三田村駒次郎・(143)小山良左衛門・(144)沢崎兵太郎四人とも本多図書与力なり上京ニ逢、大聖寺ニ投

---

(135)房清・遯翁　二百五十石　本吉湊裁許、割場奉行、年寄長連弘を輔け藩政改革に当る。小松町奉行、元治の変に功あり、鳥羽伏見の変に京都の政状を報じ、藩の方針を導き大功あり、徴士、越後府民政局権判事、明治十一年（一八七八）七十一歳亡
(136)孝知《とも》　五百石、馬奉行、作事奉行、元治元年（一八六四）水戸浪士の役に功あり三百石加増、銃隊馬廻頭、姓を赤座に復す、学政寮・軍政寮副知事、参事、明治元年六十一歳亡
(137)富山藩十万石十三代藩主　利同《あつ》　加賀藩十三代斉泰の十一男、大正十年（一九二一）六十六歳亡
(138)景晴　百六十石、組外御番頭御用書支配・組入、明治二年上士、同五年依願離職
(139)小松梯天満宮の別当所梅林院、天台宗
(140)厚幅《とみ》　四百八十石　明治三年四十五歳
(141)勘三・弘清　四百五十石　大小将御番頭　二等上士、明治三年四十一歳
(142)温久　百石　大砲教師、元治元年京都御守衛、明治元年越後出陣、明治三年三十一歳、兄半助
(143)貞昌《あきら》　百石　撫育所町同心、硝石製造方、金山方、産物方御用、元治元年京都御守衛、明治三年五十八歳
(144)高久　百石、会所御土蔵前御番、寺社方破損修理裁許、元治元年京都御守衛、明治三年五十二歳

※富山御家老山田嘉膳殺害

※慶寧候退京

宿、品川左門[145]・篠嶋主馬等上京ニ付旅宿へ訪ふ

六　日　六時前上途、夜前大聖寺旅籠屋諸州出勢多人数ニ付、駅々旅籠屋止宿大指支なり、午後小松へ帰家、唯次郎串迄迎ニ来ル、家君・湯浅松陵・彦太郎須天村ニて逢ふ、知音多人数来飲、歓話、午夜到各発、八日迄休息

九　日　出沢、七番丁へ投宿、米積百尋等来訪

十　日　岡田留守へ伝言　□同勤同役吉村・印牧等へ行、永原甚七郎・植浜善左衛門[146]両人富山御附頭也へ行□□頭故吉村寄宿ニ付行、酒飯清饌

十一日　富山詰御付頭堀□□御達方之有急出沢

十八日　二ノ丸登殿、誓詞横山外記殿見届御家老也

当朔日富山表ニて御家老[147]富山山田嘉膳を嶋田勝馬[148]途中ニおいて殺害及候、其後切腹命らる

廿二日　今暁京都より急便到着、当十八日夜より十九日長州勢京地へ押込、二条御城等諸所へ放火、御築地内へ飛入戦争の旨等申来ル由、御城中大評議、市中騒々、長大隅守殿組共明廿三日急発足命らる、横山外記殿ハ今午前御城中より直ニ上京、新兵頭永原甚七郎組共今夜ニ入首途の由永原富山御付ハ当十八日免らる

廿三日　印牧九兵衛[149]・広瀬辺[150]同道吉村市大夫へ行、嶋田勝馬山田嘉膳殺害一條承り合ニ行

廿四日　筑前守様御帰国成らる可旨急便到来ニ付、御評議の上是非今一応京都へ御引返し成さる可旨御申進られ候由、此度の騒動ニ付風評烝《けん》々、市中弗沸、此後日々殿中湧如の由

廿五日　当秋富山詰人山田良助交代詰命せらる

廿六日　今朝岡田助右衛門より留守へ廿二日の急便到来の由、窪田左平留守へも同断、鈴木平介より十八九日より戦争の模様見聞の趣細書来報、猶又岡田・窪田留守へ行巨細承候事

廿八日　前日上佐守殿・[151]不破彦三組御家老也筑前守様御旅中迄遣され、[152]山崎庄兵衛・[153]松平大弐筑前守様御供御家老両人の内、申訳御聞成らる可旨前田等へ御申含メの由、実検使の

---

(145)武好《たか》　三千石　金谷・松の御殿請取火消、公事場奉行、寺社奉行、御算用場奉行、元治元年京都御守衛、三等上士、明治三年五十三歳

(146)横浜善左衛門　五百五十石

(147)四百石外役知三百石、年寄中、天保時代から頭角を現し、下士から累進し家老になった。高島流砲術に秀れ、敏腕・度量で軍事改革・藩政革新を進めた権力者。藩上層の守旧派や人事に不満の中下級の士から反発され殺害された、五十九歳亡

(148)四十俵　二十八歳、勝摩の一派は加賀藩勤王志士達と親交があり、当時加賀藩志士が世子慶寧を頂点に建白又活躍が期待依存されている様子に富山藩の改革を企て、そのような体制実現に加賀藩志士に助力を要請して事件を起した。（R・G・フラーシェム「家老山田嘉膳暗殺の背景」『富山史壇』第八十六・八十七号）

(149)幸昌《ゆきまさ》・要　百五十石　江戸御広式番・御用達兼帯、稠松様御抱守棟取、二等上士、富山御家令、明治三年四十三歳

(150)由房《より》　百石　御算用者、安宅浦出船横目、稠松様御抱守、江戸御広式番・御用達、三等上士、明治三年六十歳

(151)為儀《のり》　四千五百石　定火消役、御奏者番、小松御城番、公事場奉行、寺社奉行、海防方御用主付、参政、大参事、大属権少参事、明治三年四十九歳

(152)範正・盧　三千石　寺社奉行、御勝手方御用、富山詰、元治元年慶寧と共に退京、金沢への途中大聖寺に止る、帰沢直に役儀被免・閉門、慶応元年許され同二年隠居

(153)康正　四千石　世子慶寧の御側用人、元治元年京都で公武の間に奔走、慶寧の退京に供し帰国途中海津でその責任を負い自刃、四十二歳

※藩論勤王左幕紛議

※慶寧侯室御卒去

※松平大弐切腹

※勤王諸士処罰

躰也と申巻説
組外定番所馬廻壱組宛上下町端へ御締方為出張命られ、越中猪谷口留へ八人撰ニて組外より両三人宛出張命らる

晦　日　午後唯次郎□□□小松より来着

八月朔日　過日以来御□□□長州勢舞入後は、五幾七道諸方の急使飛檄昼夜具別無絡繹、所謂櫛の歯を引か如し、朝六半時唯次郎同道上途、午後八時帰家、此節本藩の事情勤王左幕紛議多端、短筆尽難、故以不記、京都より来報ニ去廿八日より御守衛方等惣て常服ニ改ると言

十三日　若(154)御前様今日御卒去
筑前守様十五日大聖寺御泊り、十六日金沢御帰城、海津ニて松平大弐申訳のため切腹、介錯等の家来両三人切腹の旨、守脩筑前守様御供ニて帰沢

十六日　朝六時前唯次郎同道出沢
割場足軽三百人出張、長大隅守殿長州追討後備命らる、九月上旬迄ニ石州へ参集致可旨ニ付、家士八拾余名出張の旨
筑前守様御供の内不破富太郎(155)・千秋順之助(156)等四、五人人持組へ御預の事、福岡菊太郎・小川幸蔵(三)・浅野屋左平等入牢等夥敷御咎人之有不破富太郎・千秋順之助・大野木忠三郎・青木新三郎等切腹命らる

廿　日　唯次郎・僕清介召連小松へ帰家

細川侯因州侯建白の趣之有、長州追討暫時御宥容の由

廿八日　吉村市丈夫・印牧九兵衛同道白山神社参詣

晦　日　午前より守脩小松へ帰省

鈴木平介京都より帰郷、九月二日来話

九月四日　小松表跡仕末相願、今午飯後上途、松任ニて守脩出沢ニ逢ふ、薄暮小松帰家、両尊御平穏御健在

五　日　当十日富山へ出立ニ付、御尊へ御暇乞、金女同道上途、夕着

十　日　朝六時上途、守脩大樋迄送ル、今石動午飯小矢部川舟行、夕七時過高岡旅宿□□

□此日竹橋ニて堀田貢交代帰りニ逢ふ横浜善左衛門ト交代

十一日　早発、安養寺峠ニ小憩、午前富山御貸家へ着、午後八時過登城、御奥御居間於拝謁、夜横浜等同役来話、小飲、午後日勤、時々御料理等拝味、日勤余暇御附頭御横目頭故、同役留書等往来相飲、閑話多忙

十月二日　同役前田(157)源左衛門御用召、年寄中よりの紙面ニて三日帰家

廿三日　大鯛長弐尺五寸斗浜焼頂戴ニ付、御附頭御横目頭故同役等来飲、歓話

---

(154)加賀藩十四代慶寧の天人通、父鷹司政通、実父久我建通、十九歳亡（慶寧はこの時世子）

(155)友風　百五十石　勤王家、元治元年（一八六四）京都で長州藩勤王志士と交り活躍したが帰藩後捕えられ自刃、四十二歳

(156)藤範・藤篤　百五十石　江戸昌平黌に学び舎長となる。明倫堂助教、世子慶寧の侍読、尊王の志厚く又賤称廃止論の先駆者として非常に有名。元治元年慶寧に供し京詰、退京を決し帰藩途中小松で捕えられ、後自刃、五十歳

横浜目（ママ）服部[158]立左衛門・頭取吉村市大夫・小[159]笠原恒三・中[160]村元吉・下村敬吉・端丈吉、外
留書也印牧泊り、翌日振舞

十一月七日　小瘡少々発見の気味ニ付、頼合療養中見合

十六日　今日より出勤

廿三日　吉村市大夫御用召、年寄衆紙面到来

廿七日　天満宮拝謁、夜無人来閑居、想像児輩の遠征不堪悄然

十二月朔日　御納戸払、一統出頭、御定紋付御帷子頂戴、唯次郎十一月廿九日京都御守衛命られ、当月四日発足の旨報知

九　日　小笠原恒三御用召、年寄中より紙面到来吉村代り頭取命らるニ付出立弐九石御引足

※水戸浪士騒動

十九日　家君御来書、水戸浪士武田[161]耕雲斉伊賀守の事等数百人越前地へ押登り候ニ付、征討先鋒命られ候ニ付、永原甚七郎組当出勢ニ付、脩義京都より直様従軍の旨、守時上京途中新保ニて守脩へ逢候由、越前地浪士騒動ニ付御加勢申来り、十九日本多[162]播磨守殿組共出張の由、一[163]橋中納言様御征伐総督拝命候旨

廿七日　歳末の御祝金子三両頂戴、御素読御用ニ付百疋下さる同役一統同様なり

※水戸浪士降伏

廿八日　歳末御祝詞〇越前地へ押出し候浪士武田等永原甚七郎へ就て、加州御家へ就て降伏の義申出し、当分鎮静相成可旨来報

廿九日　本月小ニて年越願泊り、殿中夜猶粉冗

元治二年乙丑改慶応元年

元　旦　未御全快之無趣ニて、表御居間ニおいて御家老初諸頭まて年頭御礼請為られ、御付方一統残不御祝詞申上ル

中納言様御内々を以同役四人へ御染物代弐歩弐朱、紬壱反別段七百疋頂戴、但去暮下され候事

去十二月廿八日松平大弐跡目命られ候、御書立

十二月廿八日

---

(157)直諒《のぶ》　百五十石　御作事奉行、能登正院在住、江戸御広式御用達、寺社奉行、金谷御広式御用達、松任・寺井銃卒奉行、松任町奉行、輪島御馬廻御番頭、御先手大筒頭、銃隊物頭、二等上士、元祖は前田長種、奥は関沢房清妹、明治三年（一八七〇）四十一歳

(158)信綱　三百石　明治三年四十八歳

(159)貴一《たかかつ》　百五十石　御近習番、稠松様御抱守棟取、経武館・明倫堂・壮猶館御用、学校御用頭、二等上士、明治二年六十三歳

(160)(注36)のいとこ

(161)水戸藩執政、伊賀守、尊攘派の頭として奔走、元治元年天狗党の筑波山挙兵の折隠居・謹慎、後天狗党と西上途中加賀藩に降伏、敦賀で斬罪、六十二歳

(162)加賀藩人持組筆頭老臣五万石、十二代政均《ちか》、文久三年京都御守衛、元治元年水戸浪士の越前入りに福井藩主松平慶永の求に応じ小松に向かったが浪士の降伏を知り帰藩した。

(163)徳川慶喜《よしのぶ》　父は水戸藩主徳川斉昭、弘化四年一橋家相続、文久二年（一八六二）将軍後見職、元治元年の変に諸藩の士を指揮し長州勢撃退につとめた。

※富山栄之助殿御養子

※武田耕雲斉幕吏へ引渡

亡養父大弐知行相違無
一、四千石　大弐養子　松平理之助(164)　外ニ御加増七百石、都合四千七百石内千石与力知
右大弐儀、江州海津駅於切腹致候始末、深所存も之有躰聞召され、先以不便思召され、
之依厚思召在為られ候ニ付、出格の趣を以、此如御加増仰付られ、兼て内存願置候同姓
実弟松平勇之助嫡子理之助義、惣領娘へ婿養子仰付らる
八日より風邪ニ付都合見合養生
旧猶守脩越前陣中より書状、同守時京師よりの書簡等到来、両所共堅固ニ在勤の旨

十一日　夜御移引の由ニて急須・徳利・土鍋三品頂戴、十四日より出勤

十七日　文武御稽古初

廿　日　栄之助殿(165)大蔵大輔富山様御庶腹の嫡子なり有間左兵衛督殿へ御養子成られ度段、中納言様御用部屋より申来候旨、板津左兵衛御用部屋申上候由

廿七日　来報、去年長州勢御築地戦争の節、不覚の人々罰らる、前田新之丞御先手五百石御知行召放さる、永原帀一郎御馬廻頭五百石弐百石減知、組外へ指加らる、伊藤権五郎御馬廻頭千石五百石減知、組外指加らる、飯田帯刀左衛門(166)百石減知、逼塞、其余猶数人御咎之有由

二月四日　来書并当□□当春稠松様江戸表御供命られ候旨来書

八　日　守脩帰家の由□□□廿九日武田耕雲斉等幕吏へ引渡ニ相成、本藩出張人残不敦賀表引払、凱旋の旨守脩乗馬壱疋、刀壱腰軍実授与の由

組入

※丸山陶器所

小将町移住示談治定

当十六日近藤[167]新左衛門組へ組入命らる

廿八日 中納言様江戸御参勤、今日御発駕の由

三月十九日 小太郎・守脩・市河[168]初免助同道来宿初免助後湯原へ養子ニ成三益也安養坊迄市河小左衛門同道迎ニ出ル、廿三日両人同道上途帰家、町端迄送ル

四月九日 朝四時より印牧九兵衛同道八尾へ行歩、丸山陶器所[169]へ廻り晩帰、金沢より守脩・守時来書六日夜小将町中泉[170]七左衛門家作地面とも買上拾五貫目也、右ニ付家君種々御配意の旨縷々申越事

十四日 中納言様より御書ニて稠松様弥五月下旬江戸表へ御出府遊され、然可旨仰進られ候よし、横浜より申談候の事、且御道中御膳奉行兼帯命らる

十五日 印牧同道新庄より東岩瀬へ行歩、同所ニて木村求馬[171]御貸家相尋小話、西岩瀬・四

(164)潤吉・康蕃《のぶしげ》　四千七百石、御付御用并御側御用、宝円寺請取火消、一等上士、明治三年二十二歳
(165)十二代利声《かた》の息
(166)四百石　明治二年亡
(167)新《あらた》・蔵清《まさすみ》　千四百石　明治三年六十四歳
(168)屯　二百五十石、米庵次男、元治元年京都御守衛から敦賀出張、新兵組、三等上士御近習直衛掛、明治三年二十四歳
(169)富山八尾町深谷の西方　井田川右岸の山腹にある井田の枝村、明治元年家数十四軒、人口五十八人、文政十二年（一八二九）この村の甚左衛門が開窯、藩から金六百両無利息で借り、販路を広げ陶工四十七人になった時もある。
(170)既清《よりきよ》　二百石　文久元年江戸詰、慶応四年上京御供、御内用御使、二等上士、明治三年四十六歳
(171)和正《ともまさ》　奥村家臣、文久三年・元治元年上京御供、御台所奉行加、御普請会所奉行、明治三年三十五歳

※磯部調練場

小将町移住

守脩新番組命らる

守時新兵組命らる

方・百塚へ廻り帰ル

中納言様廿七日江戸表御発駕、御帰国の旨急便到来の由

廿七日　印牧同道放生津・伏木へ行歩晩帰

晦　日　磯部調練場御出、御先詰村隼人組調練弓篭午陣為の出立、戦士一統騎馬、布（施）瀬村

高安次郎左衛門方御昼

中納言様御願ニより、今度御帰城後直様将軍家上洛中御上京成さる可旨、江戸表より申来候段、五月朔日稠松様へ申来候事

五月二日　四方村御旅屋へ御遊歩、引網等御覧、御料理等品々下さる

筑前守様京都より御帰国後御慎の所、当四日御慎御解仰進られ候旨、今日稠松様へ申上り候事

十一日　風邪ニ付見合、十四日□□出勤　稠松様江戸御出府御延引申談の事

十一日　小将町中泉七左衛門家作買受、今日一家移住の旨申来ル

十五日　越後高田榊原式部太輔殿御先手御用として上京、十七日ニ旗本勢千斗富山止宿、長柄四拾筋、鉄砲弐百三拾挺斗也

十八日　小太郎・守脩新番組御歩召出され候旨、廿一日出家君御投書雀躍

将軍家当十六日上洛御進発

唯次郎・守時閏五月七日京都於新兵組命られ、衣服料銀三拾枚下賜

閏五月二日　中納言様御上京御発駕ニ付、守脩御供の旨二日出ニ申来ル新兵京詰の内七人御呼返

てる子出生

林徳堂形奉行

※富山仁右衛門町出火

し、帰着の上慎命らる七人内石黒右門[172]同様命らる恐縮、守時同小屋三人の内、両人御呼返しニ
相成、守時不興大慶々々

六月二十日　幾曽女平産、女子出生てると名付、廿一日出来報
守脩御供ニて上京相勤候内、京都於新兵組指引役命られ、直様相詰在勤の旨、金沢廿六
日出来報

七月十三日　横浜同道ませ口川除見物、夜五時帰

廿一日　来報申上り候、昨日中納言様京都より御帰城の旨

廿八日　鈴木平五郎小松の新保屋大岩参詣帰途来訪

八月朔日　書到達、去廿八日唯次郎京都より帰家の旨来報、且林徳之助去晦日堂形奉行命られ
候由

十三日　十一日出到来、当十日右門義京都詰中不心得の義有、外出御差留慎罷在可旨命ら
れ候旨

十七日　横浜同道魚津へ行歩、夜入帰ル

廿　日　龍沢院[173]様七回御忌御法事済際より仁右衛門町[174]より出火、五百軒余類焼也

(172)嘉左衛門千尋の長男、九六
(173)富山藩十代藩主前田利保《やす》
(174)江戸時代から昭和四十年の町名、富山城下中央部、川の近くにいた船頭の名前から称され、一丁目から三丁目ある。一説に慶応二年約一千戸焼失の大火とある。

九月十六日　詰交代ニ付御暇乞為朝四時過登殿、御目通種々拝領物之有、印牧・自分交代人中
村元吉・山田良助到着、四人申合別莚(宴)開
十七日　朝上途、大門ニて石黒魚渕ニ逢ふ産物方御用魚津行の由小杉ニて徳蔵ニ逢フ、高岡ニて
高原屋文九郎□□有を設ケ待受暫時小話、今石動投宿
十八日　上途、津幡ニて広瀬□ニ逢ふ先□病気ニ付立帰り養生・快気ニ付重て詰桃(百)坂迄唯次郎迎ニ
来ル、夕七時過帰着、親戚知音来駕、彦太郎此節変痘
十九日　二の丸金谷罷出、稠松様御容躰申上ル、諸所へ答礼ニ行
十月廿八日　新兵組七拾人斗命らる
十一月朔日　家君七十七歳御賀の心祝ニて、親戚知音招飲
二　日　夕景より安井和介・岡田助三郎・窪田左京・島田勘右衛門[175]・印牧九兵衛招飲談笑、
夜半至
十三日　先達テ唯次郎新兵組命らる、彦太郎着袴、自分帰家等心祝ニ付、親類打寄徳之
助・三田村夫婦・高崎栄次郎・石黒堅三郎・山田六郎夫婦・源四郎夫婦・鉄雄・佐々木
雅次郎[176]・小林紋大夫妻・野崎他吉郎・留之助・大工三右衛門・柳町久・数右衛門妻・大
野乳母等来ル
十五日　二ノ御丸へ御用召ニ付罷出候所、詰中烈敷相勤候旨ニて五百疋拝受、守脩先達て
大聖寺様御加勢為摂州西ノ宮詰の事、当月二日同所より来状
千尋翁小松御留守物頭ニて此頃詰中也

※御異風処分

帍之助御国事を他藩へ洩し候等の文言

嘉出産

守躬妻速病死

十一月廿五日　御異風三十人斗逼塞・遠慮・指扣等種々御所（処）分、風説古流ニ拘泥、彼是偏見申張候等の義と云

十二月八日　暮六時味噌蔵町和田氏焼失亭主江戸留守中也

廿七日　右門外出御指止、慎今日御指解也

廿九日　無記事、一家団欒、談笑守歳

慶応二年丙寅正月元旦　初日果々梅柳春気新

二　日　登殿、賀年拝謁

三　日　唯次郎同断

四　日　徳山守人林徳之助実兄所口与力の所不埒の趣之有四年前より逼塞中也一類御預、嫡子帍之助公事場縮所入、守人次男中村友之助一類御預守人御咎の節明組与力ニ指加らる

正月六日　朝嘉女平産□子出生多□と名付母子達者ニ肥立候事

廿五日　夜五時過源四郎養おば速女指重りの旨、旧臘二日富山詰小笠原恒三富山御附方免職

二月十三日　夜九時過味噌蔵町高崎久之輔宅焼失

廿八日　筑前守様江戸表御発駕、勝木次郎右衛門・鈴木平介・漆村屋弥次右衛門同道来訪、

(175)道　百五十石　割場奉行加り、公事場御横目、慶応三年（一八六七）亡

(176)宗礼《ただ》　三百五十石、長家の家老役、連起・連愛・連弘・連恭四代に仕えた、明治二年（一八六九）亡

※四方御旅屋御行歩
中納言様御隠居
※布瀬河原御遊歩
守時上京
宰相御拝命

一酌し小話
廿九日　横浜下村萩原同道白山参詣
三月朔日　新川山田元東初て来話
四　日　小太郎・守脩京都より帰着、親戚知音来祝、飲酒談笑
十一日　富山詰広瀬辺交代為今朝六半時過上途、柳橋ニて下村承吉端文庵待合同行、高岡止宿、高原屋来訪
十二日　昼頃御貸家へ着、直様旅装ニて拝謁、夜下村宿ニて堀田貢御横目[177]児玉義門同役、御医者両人集会、開宴
十四日　山田良助頭並御横目兼帯、稠松様御抱守命られ候由小笠原代
廿七日　四方御旅屋へ御行歩、御先詰
四　月　中納言様御隠居、筑前守様御家督
廿六日　[178]湯原主殿同道滑川へ行歩
当八日僕市郎右衛門病気ニ付返ス代り小僕十三日来ル平蔵也、後足軽[179]杉山少右衛門と云
廿八日　昼より布瀬河原へ御出ニ付、一統御召連、御えから多し
五　月　唯次郎京都詰急発足命らる、二日上途の旨
六日より見合　五日御殿ニて眩暈外邪、十二日より出勤
江戸表より金沢へ当十一日の御飛脚到着、当十日中将様筑前守様宰相御拝命の旨、今十八日稠松様申上リ候事

出沢

※黒川良安

※蘭法医の回診

廿九日 昼後布瀬川原へごり汁・御出御供

六　月 無記事、時々□□□物等異事無

七月十四日 例歳如金沢、富山御両所拝領物頂戴

八　月 宰相中将様御家督御入国ニ付、恐悦為出沢、朔日朝五時上途、晩景今石動へ投宿、二日今町にて守脩迎ニ来るに逢ふ、八半時帰家、過日来母上浮腫も出来示々成ら不此節不食の旨、併精神健々

三　日 両御殿へ罷出稠松様御容躰申上ル、金谷ニて成瀬主悦申聞候ハ、稠松様御痛の御様子中納言様御案慮遊され候ニ付、一昨日黒川良安[180]診為遣され候旨

五　日 守脩今日弾薬調理方御用命らる、同人今日より役引致候事

十　日 登殿、拝謁二ノ御丸ニて横浜ニ逢、明日より母看病の為居留りの儀相願候事、母上田中一庵・田中兵庫[181]両人申合療治、十五日太田良策[182]・高峰元稑[183]来診、皆同案なり

(177)久勝　五百石　割場奉行、元治元年京都御守衛、二等上士、明治三年四十二歳

(178)光国　三百石　元治元年水戸浪士を越前葉原より敦賀へ護送、稠松様御抱守、慶応三年富山詰、書物奉行、御土蔵奉行、学政所御書物調理御用、勉学のため県政所入塾、明治三年三十九歳

(179)好定《よしさだ》・少三、切米二十俵、榊原家の若党、割場付足軽小頭、明治三年二十三歳

(180)自然　蘭学医　越中新川郡黒川村生、八十石、青山家手医者、長崎留学、吉雄権三郎に蘭学を学ぶ、江戸で坪井信道に入門、佐久間象山とも交る、加賀藩で種痘導入、壮猶館翻訳方、卯辰山養生所主付、医学館創設に長崎から人体模型購入、近代医学の発展に中心的役割を果たした。

(181)猛之《たけゆき》　六人扶持　医者、父は田中躬之明倫堂で狩谷金作に蘭学を学ぶ、文久二年（一八六二）京より広島出張、卯辰山養生所勤務、越後役出張、文学訓導中学校皇学掛り、明治三年四十一歳

※古流砲術廃止

家茂公薨去

帰富

十九日 古流砲術廃され、御異風残不組外へ指加らる、十八九日頃より母様少々御食気付、調子宜敷方

廿　日 将軍家茂公薨去

廿九日 守脩新兵組指引役帰役、弾薬調理方御用兼帯命らる

九月八日 親病引且満ニ付今日より自分病気ヲ以役引の事

廿五日 母様少御快方ニ付昨日出勤、今朝六時過同役半田幸蔵同道出立、小矢部舟行高岡止宿、高原屋・手崎屋来訪(184)

廿六日 午後御貸家へ到着、登殿拝謁

廿九日 飛脚到来、母様廿八日暁天七時頃指重りの旨、依て御附頭等示談の上相願御暇下され、直様出立昼四半時也、昼夜兼行十月朔日暁六時過帰着、悲哀云可不也

三　日 葬送

十月十三日 相公様御上京御発駕

廿九日 上途、津幡ニて林徳之輔出役所ニて暫時小話、今石動ニて三田村半助出役を訪て小話、夜六時高岡投宿、晦日昼八時過到着、各来話、此節黒川良安詰中端丈庵と交代詰也

十一月五日 守脩京都詰発足の由、十二日到着の旨申越

十　日 象虎御塩方ニて御覧願、朝五時頃より出勤、見物ス

十二月二日 御納戸払黒羽二重御紋付、御小袖頂戴

将軍宣下
孝明帝崩

十　日　唯次郎京都より帰着の旨報知、十一日出申来当五日徳川中納言様将軍宣下の旨来報

晦　日　昼当直、夜横浜蕎麦振舞、談笑守歳当廿九日孝明天皇崩御

慶応三年丁卯正月元旦

表御居間ニおいて屠蘇御雑煮等二汁五菜御膳等相済、御居間并御表ニおいて頭分以上御礼請為らる、午後御奥ニて宝寿院様(185)御対坐ニて御祝酒飯御儀式の由

二　月　服制御改革、頭分以上残不肩衣廃止、羽織・袴の事

三月十六日　毛利祐之丞と交代ニて、下村敬吉・萩原平次郎同道上途、今石動止宿、三田村半助出役所を訪ふて小話、十七日唯次郎柳橋迄来り迎ふ、八時過帰家、親戚知音来話、十八日二ノ丸并金谷へ稠松様申上、諸所廻勤等発走

四月廿五日　安井青軒・富永観瀾(186)・加藤東山・岡嶋瑞雲寺也、東と同しく吟遊

五月二日　今暁八時頃より観音町小松屋より失火、廿日軒余類焼

(182)美農里・雪嶽、父は村井家手医者、緒方洪庵に学び塾頭、手塚律蔵に兵学・造船技術を学ぶ、蘭書翻訳校正方、軍艦方御用、壮猶館教授、卯辰山養生所、金沢医学所所長、明治四十二年（一九〇九）六斗九歳亡
(183)昇・精一　越中高岡生、京都小石元端に入門蘭学・医学を学ぶ、江戸で坪井信道に学び医学・化学を修む、壮猶館・卯辰山養生所に出仕、典医、高峰譲吉は長男
(184)親郷《ちかさと》　百五十石　明倫堂訓蒙、御書物奉行、書写奉行、南御土蔵奉行、稠松様御抱守、三等上士、権少属分課、明治三年三十六歳
(185)富山藩十代藩主利保の室、利保の卒後に称した、明治二十一年八十六歳亡
(186)助恭《すけひで》　二十人扶持、明治三年六十四歳

金浦屋次郎右衛門

※卯辰山開拓に天満宮
遷座金沢市一統祭

十二日　夕七時前守脩京都より帰家、親戚知音来話例の通

六月七日　新参御番頭岡田助三郎・小川仙之助京都へ発足の旨案内

七月七日　唯次郎・守時京都へ発足、同組同行拾九人の由

十九日・廿日ニ恒川[187]新左衛門京都へ、小谷兵[188]左衛門江戸へ早打御用発足

八月十七日　御勝手方御用、産物方御用兼帯命らる御用番本多播磨守殿申渡頭近藤[189]新左衛門・林省三よ
り□□到来稠松様御抱守榊原三郎兵衛

右三郎兵衛儀御勝手方御用仰付られ、産物方御用兼帯仰付られ候条、当秋大坂表へ罷越

西永丹丞と交代致候様、申渡さる可候事

十八日　初て御算用場内御勝手方席へ出勤、同勤板[190]坂久大夫同道

九月十七日　頭近藤新左衛門より来書

稠松様御旅館へ御機嫌伺為、罷出られ度旨紙面指出され、御用番へ御達置及候所、御聞

届成られ候条、其意得可候以上九月十七日

廿一日　稠松様御着ニ付、廿三日朝御旅館金浦屋次郎右衛門へ罷出拝謁

廿三日　卯辰山御鎮守御神体今日御遷宮ニ付、当月中金沢市中一統祭礼繁昌の事

廿七日　恵林様一周忌内仏茶[191]湯、親類来、廿八日妙慶寺ニて茶湯、上方米五斗、銀弐枚、

守脩より別段金弐百疋

廿九日　竹舎へ小谷岳左衛門・林省三・石黒判左衛門・三[192]宅又(復)一江戸住洋学生なり僕とも招

飲、餞別宴也

十月朔日　御横目所誓詞判形見届　二日出銀并御扶持方百日分中勘道中金とも三拾七両壱歩弐朱弐匁受取候事

四　日　詰中指定り御貸渡金の内操上六拾両拝借の事、家君喜寿の祝宴并自分出立留別宴相兼親戚打寄

五　日　朝二御丸へ罷出、御勝手方御用番御坐ニて御用伺、御家老方御用所、御次同断若党黒田孝之助・大家定之丞召抱候事

大坂詰出立

六　日　朝六時過ニ石黒判左衛門・中黒卯八郎(193)御祐筆也京詰ニ付同行、夕七半時過小松着、

(187)寿福《ひさとみ》・清造　六百五十石、元治元年京都御守衛、慶応三年英国測量船所口渡来に京・江戸御用、関番、軍事方御用、徴士、越後柏崎県判事、倉敷県判事、権大属、明治三年五十一歳

(188)信敏　四百二十石　明治三年十六歳

(189)新《あらた》・蔵清《まさすみ》　一千四百石　安政三年（一八五六）異国船渡来に芝清光寺出張、銃隊物頭、明治元年越中泊・越後高田外所々出張、二等上士、明治三年五十四歳

(190)知通《ともみち》　二百石　平馬の養子、改作奉行、御勝手方御用、定番御馬廻御番頭、産物方御用、砺波郡宰理財局主事、権大属租税掛、会計掛、商法掛、民政掛、明治三年四十五歳

(191)毎朝仏壇に又寺で仏前に茶・湯を供える事

(192)秀《ひいず》・有実《ざね》　百三十石　佐倉藩医の子供、幼くして高島秋帆・手塚律蔵等に学び、蘭・仏・独語修得、元治元年（一八六四）遣仏使節に随行、帰国後ヘボンに英語を学ぶ、米国軍医ウオットル塾生を三年つとむ、慶応三年（一八六七）藩に出仕、英語・算数を教え、明治元年（一八六八）洋学教授、同二年英語教師、三等上士、権少属、同三年東京大学出仕、東京医学校々長心得、欧州医学制度調査に渡欧、帰国後東京大学医学部長、同大学教授、大学々長

(193)善全《よしたけ》　三百五十石　明治元年正月三日重大御用早打をつとむ、越後戦役出陣、同年京都から江戸へ供奉、三等上士、明治三年三十八歳

辻[194]宗作・勝木次郎右衛門・新保屋与左衛門・鈴木平五郎・鈴木平介・田中[195]謙斉・富沢敬斉・大嶋屋三輔・大嶋屋壮助・湯浅丈太郎等来話旅宿今坂屋甚作

十月七日　終日風雨、大聖寺□飯、金津泊り、八日　森田午飯、夜六半頃府中泊り、九日　湯尾午飯、夕七半時二ツ屋泊り、十日　晴・谷口ニて午飯、敦賀廻り疋田泊り、十一日　海津午飯、今津泊り、十二日　小松午飯、同所より乗船、夜半過大津着、十三日　晴・蹴上ニて唯次郎迎ニ来ルニ逢、同道直ニ建仁寺へ行、石黒等宿坊ニて小話、近況承合候所、薩州・上州等何欤（カ）深謀之有、近々の内暴気の企も之有旨等内密探索の由、何となく人心恟々、石黒等分手、唯次郎大仏前ニて分袂、夕七時前伏見池田屋六郎兵衛方止宿

十四日　晴・伏見壱番船ニて舟行、朝四時頃着、淀屋橋御屋敷内、西永御貸家請取居住、北川[196]寛兵衛等御歩横目単笥役、浜役等廻勤皆御貸家内也夕山家屋権三郎同手代弟兵衛・産物方松田覚蔵等来、示後日々町方手代往来繁忙

十五日　当日祝義并自分到着祝義、西永発足祝義寿兼て和田久左衛門・鴻池[197]善右衛門等、并手代とも祝義為来祝、終日万客頗盛宴なり、十六日　西永発足、別盃、辰巳屋勘兵衛等北川等同舟桜の宮迄送別、自分留守

十七日　長田《ヲサ》加嶋屋の事作五郎産物方御用命らる、御扶持下され候ニ付、北川同道玉江橋御蔵屋敷松田覚蔵御貸家へ呼立、三人列坐ニて右の趣申渡候事、夕自分着の祝として北川初、港役留書等来飲、夜同勤等家来共一統来飲

※前田内蔵太大坂探索

今夜京都詰所御家老前田内蔵太殿(198)より来書、此頃の形勢柄ニ付探索御用命らる、右ニ付松田充蔵申遣示談の趣之有、且安井九兵衛(199)へも頼遣候義も之有

廿二日　安治川口御蔵等見分、辻源蔵等同遣

廿三日　小松原左衛門宅能興行、鴻池善五郎・辻新三郎・具足屋七左衛門・山家屋権三郎・浅田□助・山家屋芳兵衛同伴見物

廿五日　自分到着ニ付、着祝と申流例の由、和田久左衛門御蔵元也振舞、北新地綿屋源兵衛方ニて北川・上島吉郎右衛門・羽野久平・亭主代和田弥吉・同八三郎・手代辰巳屋半兵衛・同勘兵衛・宇助馳走役、盛饌

廿六日　常宿河内屋佐兵衛方ニて主人家御講

廿七日　終日碁会

---

(194)協和《とものぶ》　五十俵、定番御前、天保九年（一八三八）越中海老江詰、御勝手方年寄衆執筆役、弘化四年（一八四七）江戸会計買手方御用棟取役、万延元年（一八六〇）小松方御用、明治三年三十八歳

(195)小松町医者、田中信吾の父

(196)清暉《てる》　千二百石　明治三年五十一歳

(197)八歳で篠崎小竹に入門、十一歳相続、幕府からの海防費御用金に協力、新撰組から強引に金二百両調達させられた、明治元年新政府会計裁判所御用掛、同志と貿易商社を組む、三井と共に堂島両替店を開設、大正九年（一九二〇）八十歳亡

(198)晋《すずし》・隆錫《てる》　三千石　定火消、小松御蔵番、今石動支配、元治元年京都御守衛、富山御用主付、慶応時代京詰、参政、金沢藩権大参事、明治三年四十歳

(199)友由《よし》　切米十八俵、割場付足軽、御筒方同心、慶応三年京都御守衛

※錫懐丸

※薩州侯上京

大政返上

廿九日　到着案内の廻勤、和田・山中鴻池善左衛門等御館入、并安井九兵衛等也、御城附与力中へハ暫時見合

十一月朔日　当日祝儀宿御蔵元等手代残不来賀祝酒、此頃市中頻りニ太神宮御抜并諸社祈祷札等来降ニ付、市中一統老若男女の具(区)別無街上ニ諸舞発走狂如、怪可

八　日　北ノ舞台ニて京都の大夫野村与次郎七十二歳興行ニ付、皆一同行

九　日　綿屋源兵衛方ニて主人家年一の御振舞、厚給

十一日　錫懐丸(200)兵庫へ入港、船将稲葉助五郎(201)、上陸着坂

廿　日　主人家謡講、北川宿役者生一左兵衛・大西新左衛門・中村弥三郎(202)・古春増五郎等来会

廿一日　河内屋ニて手代中年一の御振舞

廿二日　今朝薩州侯船ニて御上京の事

廿四日　河内屋ニて浜方年一御振舞

廿五日　急飛脚到来、追付御上京ニ付拾五万両御調達申来

今朝天満宮参詣、大経攣(痙)ニて殆不弁、人事夜半至

廿六日　芸州侯船ニて御上京の事

十二月三日　御調達一條ニ付御達方之有、北川上京、六日帰坂

九　日　将軍慶喜公大政返上、将軍辞職、同十三日　二条城御引払、御着坂の旨市中布達之有事

相公様十二月九日御□□□同十二日大津迄御引取、十三日大津御発駕御帰国

七日夜五時過唯次郎対面為御暇相願、京都より下坂御貸家へ到着、看病の事、十三日帰京の事、直様宰相様御跡を追ひ、御供へ加り帰家、守脩も同断御供の由

十四日　大目付より紙面、御用談の義之有候間、詰合の内重立候者即刻御城中の口迄罷出らる可候以上、十二月十四日戸川伊豆守(203)松平加賀守殿留守居中

右ニ付北川罷出候所、加賀守殿京地御引取相成候哉、且大津ニ人数御残シ置ニ相成候哉の旨尋られ、夫々御答申候旨等、余ハ略ス

十七日　御調達金御請致し候ニ付、主人家綿屋ニて御振舞

十八日　浜方右同断ニ付振舞、十九日主人家御講河内屋廿日謡講の処、遠慮中ニ付薄茶会、北川宿、廿四日主人株鴨振舞、北川宿、惣手代ハ鴨振舞無の代り金弐百疋宛迄、廿五日　昼勘兵衛・芳兵衛両人へ鴨振舞、夜綿屋ニて和田久左衛門忘年会、自分病中ニ付不参

廿六日　河内屋ニて広岡久右衛門へ鴨振舞、廿八日　歳末祝義、御館入来賀

---

(200)発機丸を改造したもの。

(201)道安《さだ》　二百石　軍艦奉行、明治元年四十歳の折学生神戸清右衛門・不破与四郎・黒川誠一郎・馬島健吉四人を率いて欧州へ渡航、金沢藩大属、小参事

(202)信勝・勝之　十八俵、割場付足軽、砲術を学ぶ、元治元年征長に芸州出張、明治元年越後長岡へ出陣、明治三年二十一歳

(203)三千石　諸大夫、大目付、元治元年松平慶永に決起を促す為福井へ、慶応三年英国水兵斬殺事件収拾に長崎へ、鳥羽伏見の役に敗れ免職、主膳・晩香と改名、静岡権大参事、廃藩後備中国羽嶋村帰農、五十二歳亡

正月三日伏見開戦

廿八日　尾州老侯、越前老侯春嶽君御下坂、内府公へ御談判之有由、右両侯朝着の趣御演述の由、種々難事夫々御請之有の趣、略ス

晦　日　右両侯御帰京御発途ニ相成候由、世情不穏

病気快方ニ付、昨廿九日より出勤致し候事

慶応四年戊辰此歳改元明治元年　九日改元

元　旦　御館入残不来賀、祝盃、雑煮等

二　日　御用番引送りニ付今夕河内屋ニて単笥役浜役留書等へ振舞の処、夜六時過大目附戸川伊豆守殿・榎(204)本対馬守殿両名ニて呼立ニ付、北川罷出候処、書翰箱入御渡、大切の品ニ付早速国許へ相達可旨ニ付、帰後直様早追ニて京都迄持参、同夜又々右同様御呼立、紙面到来ニ付□□□朝御城中へ自分罷出候所、昨日御呼立の義、重復の旨ニて外御用なし、罷帰ル、御城中の混雑想可

三　日　晩景淀・伏見の方ニ当り大砲声起り相闐《みち》候ニ付、段々承合為候処、内府公御先勢会津勢と伏見ニて開戦の躰、同日晩景内藤永橘自分先達てより療養相願候大垣侯医者大坂在住来診旁暇乞として罷越候旨、明日大垣の陣所淀へ出張の旨申聞候事

四　日　今暁七時過薩州の大坂邸自焼、昨日より市中追々騒動無限、家財等取仕末、海陸動揺、老幼ハ立退等大狼狽

四　日　会所初ニ付上下ニて出勤、辻・辰巳屋等出席、御登米為目録辻等三家へ相渡、聞

内府公大坂城引払

取の上受取置、夜中市井嗷々《（ごう）》

五　日　昨朝京都へ指立候仲仕飛脚、淀より罷帰り、淀より上ハ戦争中ニて往来通行出来難旨、依て上京の北川様子一切不通、町奉行より呼立ニ付罷出候処、内府公建言等相渡さる

五　日　夜半過北川寛兵衛異議無帰坂着邸、上京の節ハ未た開戦ニも相成不処、三日帰途伏見へ指懸り候処、追々砲戦ニ相成、通行難致、伏見より河内地へ廻り、閑道廻り甚困難の旨

六　日　夜内府慶喜公大坂城御引払、乗船ニて江戸へ十四日ニ御着船と云、六日ハ御先勢会桑等敗北、藤堂の裏切に依るといふ、昨今八軒屋へ手負・死人舟ニて頻りニ差下し候事

七　日　淀屋橋御屋敷ニハ御土蔵も之無ニ付、旧記并詰人荷物等迄も玉江橋御屋敷へ運送、今日より両御屋敷北川并箪笥役等引分れ相詰候、御隣松山侯御屋敷内残不引払、舟ニて御国本へ引取候事、宇野直作京都より下坂、邸内へ寄宿の事

八　日　宇野直作[205]今朝風□□之有ニ付御城内見物ニ参り候所、巷説の通、内府侯夜前御引

---

(204)亭《きょう》造　弘化四年（一八四七）御歩、文久三年（一八六三）一橋慶喜付目付、慶応元年（一八六五）御目見以上物頭、同二年慶喜付御用人、同三年諸大夫、明治元年慶喜に供し軍艦で大坂から帰府

(205)富有《とみとも》　江戸で西洋砲術を学ぶ、元治元年敦賀へ水戸浪士護衛、弾薬調理・鋳造御用・壮猶館鋳造御用、慶応三年大砲製造方等研究に江戸へ、又九州へ御内用御使い、明治元年伏見の変・大坂城焼失等情況注進に帰国、又江戸へ注進、明治二年但州鉱山局権判事、鉱山方御用で生野・大坂・金沢・江戸へ度々往復、横浜から明治三年七月三日米国の船で神戸・大坂へ、金沢東西京等詣生徒取締方、明治三年五十二歳、妻は佐野鼎の妹

※大坂城は空城

払の由ニて、空城ニ相成居候由

九　日　御城内歩兵小屋失火、今朝角の櫓等数ケ所追々発火、至夜鎮火、薩州・長州の軍勢追々国本より上坂、又京都よりも下坂、市中幕政幕吏の奸貪を悪む事蛇蝎の如く、薩長の軍を迎えて歓声満城ニ振ふ、今夜市中初て安堵の躰、驚嘆愖不

十　日　午前大砲声数発相聞御貸家内戸障子抔はずれ、鴨居中ニハ壁も落候ケ所も之有、須臾ニして城内発火、殿閣楼櫓爆烬と相成候事驚嘆堪不、昼頃征討将軍御室宮様八軒屋へ御着船、先勢薩州勢次上州勢次日月御旗将軍御馬上御太刀持亀井隠岐守、御跡勢芸州御本陣西本願寺迄、藩ハ東本願寺へ宿陣、今朝より幕府譜代衆当所の蔵屋敷等残不引揚、分捕と記し候御札ニ薩長等分捕と之有、灘波官倉も同断

※大坂市中鎮静

十一日　市中先鎮静ニ付、玉江橋より引取候事

十二日　市中立退人等追々立戻り、家財等舟・車運送絡繹《らくえき》、薩長巡邏厳重也、同夜城中又々発火

同日本腹祝の心組ニて、北川初御貸家内一統招飲

十三日より定中使相立、金沢交通初て致し候事

十六日頃ハ追々市中鎮静ニ付、十七日初て河内屋ニて開宴の事

廿八日　河内屋ニて辻新三郎新年宴

廿九日　鏡餅直し、権三郎并勘兵衛等五六人御貧家内一統招飲

二月五日　和田久左衛門鱣(鰻)振舞、御貸家内一統行鱣屋ニて

十五日　今朝舟見分出役、帰路綿屋楼ニて辻・和田・具足屋三家の振舞

十六日　河波様へ御悔の御使者相勤、帰路五百羅□・梅田村辺閑行

探索方御用改て命らる

廿　日　後藤(206)喜兵衛御勝手方命らる来着、二月五日御席ニて命られ、改て探索御用喜兵衛を以伝達命られ候ニ付、別段御紙面□□之無旨申聞の事

中納言当十月十四日御発駕、当廿一日御京着の旨、今度大坂の行幸ニ付供奉仰付らる可儀の旨、守脩御供也

廿八日　去年来病気全快致不ニ付、御暇願書京都御席迄御達申候所、三月朔日御聞届の旨御附札到来、且拝借金弐拾両御聞届の旨等、崎田(207)小左衛門より添書ニて指越候事

大坂出立皈途

三月二日　夕七時過御貸家前より乗船詰人へ告別、石田太左衛門同船ニて、三日暁天六時前伏見へ着船、朝餐上途、守脩へ石田を以伝云、追分ニて待合候得共遅刻ニ成候ニ付不逢、晩景絹川止宿

四　日　晩景今津泊り、五日今津より乗船、海津へ上陸半原泊り

六　日　風霰寒甚、木芽峠満地積雪寸余ニ至る、府中泊り

七　日　風霰、薄暮金津泊り、八日小松止宿、石蕉・東嘯・松湊来訪

---

(206)金沢小立野笠舞在住の町人、能登屋、断絶した後藤家を相続、息文治・明嘉《あけよし》は前田甚五郎若党に召抱えらる。

(207)政達　三百三十石　弘化三年（一八四六）より嘉永六年（一八五三）迄明倫堂で学ぶ、江戸御作事奉行、改作奉行、元治元年（一八六四）京都御守衛、能登門前銃卒引率、慶応元年（一八六五）大坂詰、明治元年（一八六八）京都会所御用、年寄中席兼議事、大坂廻米仕法方掛、二等上士、少属租税掛、権少属郡治懸、明治四年四十四歳

三田村作太郎出生

家君七十八歳也

九　日　夕七時前帰家、両尊強健拝悟、親戚知音来話

十二日　鷹栖安太郎・板坂久丈夫同勤等来訪、十四日　鷹栖来訪、兼て本役兼役とも御断申度内存示談ニ付、再応板坂等より強て相勤申不哉との事ニ候得共、立て相断り歳重候上、宜取斗呉候様依頼置候事

十五日　十四ニ(日欠)も津田藤蔵(208)参り、若当役御断りの存意ニ候ハ、是非稠松様御抱守再勤致候様、懇々説諭ニ付其意任置候事

廿七日　家君小松へ御閑遊

廿九日　山田良助来、津田同存の趣示談

四月十日　唯次郎小松へ行、家君御機嫌伺のため也、十八日帰家

十五日　朝六時嘉女男子出産作太郎出生、母子達者ニて肥立

家君十九日小松御出立、釜清水町一泊、鶴来御泊りニて廿一日御帰家の図りの所、十九日小松御出立、釜清水二泊、廿一日・廿二日鶴来ニ二泊遊され候て、廿三日御帰家、始終御歩行当年七十八歳也、初壱人御供也

廿四日　鈴木平介来□、呼出ニ付出府の所、参謀付属命られ候旨、安井和介惣督判事、丹羽次郎兵衛(209)参謀命らる、今日斉藤与兵衛(210)組共庄内・会津横行ニ付、鎮静為薩長土出勢ニ付示合申可旨、右ニ付割場奉行組共出勢、岡田助右衛門・関沢六左衛門参謀御付られ、一両日中出立の旨

廿六日　唯次郎・奥村甚三郎組御雇命らる

閏四月三日　竹舎翁・板坂久丈夫・山田良助示合の趣之有、左の願書出ス

私儀病気ニ付三月十七日より役所引仕罷在候所、此節追々快方ニ御座候得共、未力付申不ニ付、行歩仕然可旨医師中申聞候、依て行歩仕度存奉候、此段御届け申候以上閏四月五日

頭様

榊　判

私儀惣髪ニ仕申候、此段御届け申上候以上

閏四月五日

林松五郎剱修行相願三日頃上京の由

七・八・九日　三日ニ薩長人数当所止宿等ニて、奥羽筋へ出張の事

十　日　頭より来書言、御自分儀、稠松様御抱守帰役仰付られ候段、別紙の通今日御用書弾蕃殿仰渡され候條、其意得られ別紙御請書御判形候て、御返有可候以上

辰閏四月十日　頭判

——殿

十四日　病気本復出勤届

十七日　唯次郎御筒調理方御雇御用仰付らる、今日御用番奥村河内守殿申渡され候旨、頭

(208)慎康《しずまさ》・津　三百五十石　嘉永七年異国船渡来に芝増上寺守衛、稠松様御抱守槙取、二等上士、明治三年四十六歳
(209)履信《ゆきあきら》　百五十石　改作奉行、銃隊物頭、御近習御用、参政、家令、明治三年五十歳
(210)四百五十石　長男は代々横山姓、次男以下は代々斎藤姓

より申来候事、当十四日唯次郎惣髪届致し候事

御主殿様御逝去

五月朔日　今夕八時過[211]大御前様御逝去の事　表向三日御逝去の御届ニて一統布達

十七・八日の間　[212]富田治部左衛門京都へ急御用早進、本多播磨守殿京都へ発足の事

廿一日　景徳院様大御所様御□なり御葬式、朝五時相済

廿三日　唯次郎京都詰発足　今朝五時上途

六月十七日　中納言様京都より今日御居城六月六日京都御発駕小太郎御供ニて帰家、親戚等来訪、
祝宴

※薩州越前勢越後出陣

廿　日頃　薩州勢三百名斗越後出陣ニ付当所止宿、廿八日　越前勢出陣当所止宿、当廿四
日出雲崎戦争、水野徳三郎戦死

七月朔日　地米相場石五百目位、八ケ所三百五拾目前後

七　日　今夕七時前[213]多慶若様従四位利嗣侯御上京御発駕
越前勢通行、越前本多内蔵助当所止宿

十七日　当秋富山表詰下村敬吉より交代命らる

※錦御旗仁和寺宮止宿

錦御旗等[214]仁和寺宮附属の御人数止宿、宮様ハ敦賀より舟行
廿七日北越出陣の上州勢七百名止宿
当廿四日越後長岡本営へ賊徒夜半襲撃ニ依り大敗、廿五日も終日難戦、廿六日賊よりの
覆喝ニて隊大敗、柏崎迄も引上候向も之有よし

八月四日　幾曽女平産、女子出生奈加子と名付

越後府権判事拝命

六　日　石黒判左衛門頭並、本営詰拝命、九日越後出立

九　日　窪田佐平魚津御馬廻御番頭魚津へ為詰発足

十　日　津田藤蔵物頭並、稠松様御附是迄の通命らる

十六日　佐土原藩士越後出勢四百名斗止宿、上州藩同断

廿三日　左の通申来、上書榊――殿　佐久間久佑中打旅村御自分儀御用之有候条、明日四時過ニ御丸へ罷出られ候様、申渡可旨御用番(215)三左衛門殿横山なり　より仰渡され候条、其意得られ、右刻限違不罷出らる可候、拙者義も登城致候間、罷出られ候ハ、御案内有可候、以上　八月廿三日

廿四日　罷出候所、年寄衆御席ニおいて、三左衛門殿御渡榊原三郎兵衛　徴士越後府権判事仰付られ候事八月行政官

(211)加賀藩十三代斉泰夫人溶様、御主殿様とも呼ばれた、徳川家斉娘、五十六歳亡

(212)方穀《まさいき》　二千五百石、小松御城番、御奏者番、魚津在番、安政六年異国船渡来時越中新浜在番、文久三年江戸御留守御用人、明治元年京都御内用使、柳の御間御番切、明治三年五十六歳

(213)加賀藩十五代利嗣の通称、明治三十三年（一九〇〇）四十三歳亡

(214)嘉影親王　伏見宮邦家親王第八王子、慶応三年（一八六七）還俗し仁和寺宮と称す。明治三年（一八七〇）東伏見宮に、明治十五年小松宮と改称、実子が無く北白川宮能久親王第四王子輝久王が継承、会津戦役に越後国総督兵部卿、明治三年から五年まで英国留学、陸軍少将、佐賀の乱・西南の役の功で中将、明治二十三年大将、日清戦争で征清大総督、明治三十一年元帥、明治三十六年（一九〇三）五十八歳亡

(215)隆平・三郎　三万石　御城代御用主付、元治元年京都御守衛、慶応時代上京御供、一等上士頭、明治三年二十六歳

四等官宣下

御布告書の内　加賀宰相中将

其方家来　榊原三郎兵衛　(216)嶺幸右衛門
(217)津田覚之助　(218)神保八左衛門
(219)成田八九郎　(220)山崎伝太郎

徴士越後府権判事仰付られ候間、早々其府へ出仕申付可事

八月十九日　行政官

加賀宰相中将

其方家来　中村石平　堀達左衛門
(221)雪野灂《セン》之進　(222)宮地友次郎

徴士越後国柏崎県判事仰付られ候間、早々其県へ出仕申付可事

八月十九日　行政官

是より先キ安井和介越後府権判事拝命、其後同府判事従五位下宣下、岡田助三郎・恒川新左衛門柏崎県判事拝命、府判事三等官月給五百両、権判事三百両、県判事百五拾両下賜の旨

廿四日　守脩頭より来書上書(223)榊原小太郎殿　(224)岡田徳三郎　旅封ニて

御手前儀越後本営附属仰付られ候条、急速出陣致候様申渡可旨、御用番三左衛門殿仰渡られ候条、其意得らる可候、以上

八月廿四日

越後へ出立

追て本文発足方等の義ハ本営方へ夫々承合らる可候、且帰山仙之助(225)へも右の通仰渡され候ニ付、則申談候間、是又御承知之有可候　以上

廿五日　御請書左の通御達申上候事

私儀、徴士越後府権判事仰付られ候段、行政官より仰渡され候段、仰渡され有難畏奉候、依て之御請上申候　以上

戊辰八月廿四日　横山三左衛門殿　榊　判

九月朔日　朝五時上途、若党両人中村久次郎(226)野村文太郎足軽喜助騎兵銃・短銃三挺三人ニ持為候

(216)寛壮《ゆるまさ》・幸咲　百石　輪島御馬廻、内作事奉行入用方、徴士、越後府権判事、少属、権少属、明治三年四十三歳
(217)六十俵、織田信長の末子宗十郎に始る家柄
(218)咸之　五百五十石
(219)頼則《よりのり》　五百石　壮猶館御筒弾薬奉行、所口町奉行、越後戦役出陣、徴士、越後府権判事、奥州若松民政、民部官、駅逓、権正、明治三年三十九歳
(220)孝之　七十石　定番御歩、会所御土蔵前御番、御守廟御館口番、越後府権判事、徴士、権少属、商法局掛、北見国開拓方専務、明治三年二十一歳
(221)要言《もとのぶ》　百石　海防手当大筒司令役、壮猶館砲術御用、越後戦役出陣、徴士、越後柏崎県判事、明治三年三十五歳
(222)政次　百石　嘉永六年長崎へ漂流人受取に行く、翌年異国船渡来に江戸出張、大坂御調達方、聞番、越後役出陣、徴士、越後柏崎県判事、明治三年亡
(223)守脩《なが》　六十俵　元治七年京都より越前葉原、弾薬調理方、越後戦役出陣、能州郡治局、権少属、民政掛、新川郡治方、明治三年三十一歳、祖父は守典、父は守郁
(224)貞固《かた》　一千二百石　明治三年（一八七〇）四十三歳
(225)元治元年水戸浪士が加賀藩に降伏した折、越前新保で耕雲斉らに会い、兵士を護衛して敦賀へ送った。
(226)久春　八俵、今枝内記家臣、元治元年京都御守衛、明治元年越後・奥州出陣、明治五年三十一歳

事、鎗ハ廃止ニ付持不、嶺幸右衛門・中村石平・宮地友次郎同行、晩景今石動投宿

二日　竹舎翁小杉出役中ニ付通訪、午飯酒肴厚供、夕七時過富山着、金沢御付御貸家印牧九兵衛へ訪ふて小話、津田藤蔵・下村敬吉・沢田主馬・端丈庵来会、小酌して旅宿へ帰り、嶺・中村・宮地三人へ雁振舞候事

三日　魚津午飯後、窪田佐平御貸家へ通話、小話、夕三日市泊り

四日　泊り駅午飯、市振り泊り、守脩書状受取

五日　青海午飯、糸魚川止宿

六日　名立午飯、今町投宿

七日　潟町午飯、柿崎泊り

八日　米山峠ニて午飯、七時前柏崎着、県知事四條侍従隆平君、当所御在陣の処、今日御発駕小千谷・長岡・出雲崎・養老典として御巡行、依て拝謁得不、夜岡田助三郎旅宿を訪ふて小話、四條公より新潟在勤致可旨御談の旨、岡田より申談の事、夫ニ付種々内談の事

九日　岡田・恒川へ行、夜中村・宮地旅宿へ行、招飲ニ付行、談話

十日　柏崎県民政局巡覧、夜辻孝三来話、小太郎新発田へ出役の旨

十一日　本多播磨守殿へ野崎他吉郎・高原屋文九郎両人附属として至急御指下しの様願書指出候事、指当り附属之無指支ニ付、岡田助三郎へ内談の上、当県、呼寄の岩田大作越中東岩瀬御郡方留書足軽なり・瀬尾他之助改名継蔵鶴来村十村瀬尾順太郎弟右両人当分借用の事

十三日　岩田・瀬尾同伴上途、夕七時出雲崎へ到着、鈴木平介当所詰ニて夜来話、先達てよりの軍陣、并新潟等の事情等承合候事

十四日　出雲崎逗留、夜権判事宮原大輔因州藩士宿所へ招飲、鈴木・岩田・瀬尾同伴小宴、宮原号海宇、中秋贈石焦の詩あり云

　二千里外新知己三五、夜中旧月明酒覚
　相思情転切不開笑語聞虫声　次顔以贈　海宇
　兵熕余処秋全老海駅風寒歩月明唯有雲
　浦風化早砲声有変肉綿声

十六日　与石蕉分手、岩瀬両生同伴上途、寺泊午飯、夕三条到着
四條知事今日当所御到着の由、小林文作当所在勤、岩瀬小林行

十七日　当病、十八日夜成田八九郎到着ニて来訪、朝当所在勤鍋島藩士権判事杉本行蔵官舎へ面話、直様知事君本営へ成田同伴拝謁、岩田・瀬尾両生御登庸方願置、追て民政御用懸りと命らる

十九日　東本願寺掛所ニて知事君府県権判事等大集会ニ付、出頭夜入帰宿

廿　日　昨日同様惣会議、夜入今日四條君府知事拝命ニ付、直様御祝詞為御旅館へ参候

廿一日　新潟へ発足の心得の所、杉本行蔵毎々談判の趣之有、発足方一両日見合候事

廿三日　知事君御家司より御用之有旨来候ニ付、罷出候処、早々條公御逢ニて、新潟在勤ハ是迄の通ニて、指当り当局此頃甚多端至極ニ付、当分滞留相勤候様仰渡され、直様出

勤、八半過退局、夜岩瀬両生と対酌閑話、夕笠[227]松六郎・稲垣平介一條ニ付来談

廿五日　出局前四條君今日御発興、水原へ御巡行

廿六日　夜将軍宮様新発田御本営より御呼立の来書ニ付、杉本示談の上、廿七日　秋山顕蔵・岩月保右衛門召連民政御用懸り上途、舟行横腰ニて一泊、廿八日　昼後芝田へ着、直様御本営へ参上、[228]前原彦太郎参謀長州藩士一減也・松原源太郎越前藩士両人より御本営御用度必至御指支ニ付、各局支配所より御借上金御沙汰の旨申談、晩景夫々御用済一先旅宿へ帰、食後御国本営詰永原甚七郎旅宿へ相尋候所、土師湊[229]野村静三郎等集会ニ付小話一酌、権判事南部彦助旅宿へ行、示談の趣夫々相済帰宿

廿九日　朝芝田出立、昼後水原へ着四條公御旅館へ参候拝謁、宮様御借上金一條等申上、旅宿へ帰ル、当民政局へも出ル

十月朔日　廿七日上途後、日々風雨、今日は風霰殊ニ寒威強、朝六半時永原出立、新津ニて午飯、加茂ニて止宿

二　日　御前三条庁へ帰局、午後杉本官宅ニて目安箱開閲、夕酒飲清供、夜南部彦助芝田帰途来過、内談等済一酌

前月十七日より三条町御用宿成田伝吉方止宿の処、今三日元村上陣屋当時官宅の内へ引移り、寓居の事

五　日　夜半過神保八左衛門并附属市村三郎古連来ル、本府長岡也より出立、四條公御用ニ付芝田迄参り候途中の旨ニて小話一酌

六日　兵部卿宮様会計方より当局へ来書、支配内ニて都合壱万千両用金取立の義申来ル
七日　目安箱開閲点検、発宿酒飯等出ス
八日　野崎他吉郎到着、大地新八郎(230)送状持参の事
十二日　神保・成田・嶺・若松出局ニ付、当所止宿、旅宿へ相尋小話
十四日　新潟ニて集会ニ付杉本出立、小林文作(231)随行、廿三日　小林帰局
村山左内民政局御用懸り明人魏之璜淡彩山水小幅持参、一覧、題詩云
淡橋間行履為訪緑天居真乞人境遠更覚世情疎
廿二日　守脩村上御凱陣本営詰、当所へ引上の旨ニて来宿
廿六日　今朝逸見文九郎・和泉屋善兵衛改名三茶助重郎高岡町人也召連到着

(227)勝賢　百五十石
(228)四十七石五斗、安政四年吉田松陰に師事、長崎で英学を、帰って博習堂に学ぶ。文久二年脱藩上京、長井雅楽の暗殺を謀り失敗、七卿の用掛、元治元年（一八六四）下関戦に戦い、後諸隊総会計係、右筆、干城隊頭取、下関越荷方、幕長戦で小倉藩降伏に尽くす、海軍頭取、越後役に干城隊副督、長岡城攻略に尽くす、越後府判事、戊辰役の功で六百石となる。兵部大輔、明治九年朝廷の奸臣一掃を天皇に訴え挙兵し敗れ、捕えられ斬首、四十三歳
(229)寛《のぶる》　百五十石　壮猶館御筒・製薬奉行、越後役出陣、二等上士、権大属議衆専務、記録調方主付、民政掛、明治二年三十歳
(230)昌也《まさなり》・道休　三百七十石、安政異国船渡来に芝増上寺護衛、慶応二年木滑口留在番、銃隊物頭、割場御用、明治三年五十二歳
(231)一則《かつのり》　三十俵　金沢蔵宿不正事件に尽力、越中御土蔵破り逮捕に手柄、越後庶務頭取、権判事加り、民政掛書吏、明治三年五十三歳

守直妻児病死

廿九日　守脩急御用の旨ニて今夜早追ニて出立の旨、十一月二日又来ル
十月廿五日の家書到来、唯次郎十月十日夜ニ入京都より帰着の旨、家弟守直妻并外茂吉
当歳の小児男子二人病死、十月二日死去と云

十一月十三日　守脩今日当所引払帰郷、同行土師湊・神尾篤次郎・山田半内等の由夜権判事少
将ニて宇野大作・石黒新之丞若松行来訪

十九日　朝石黒判左衛門御使ニて、新発田行直様長岡行ニ付来訪、示談の趣之有、京都牧
野家屋敷御取揚の旨、長岡へ出張申渡可様、行政官より仰渡さるニ付、発走の由也

廿二日　杉本水原行、廿七日帰局

十二月三日　杉本長岡行又見合、一両日後出立

九　日　知事卿公務方より来書、手紙以御意得候、然ハ御用御座候間、寒中一入御苦労ニ
御坐候得共、至急長岡表へ御出足候様命られ候、右早々申達候　以上　十二月八日　症
邪難儀ニ付、快気次第出府致可旨答書致ス
九日夜湯浅中斉屋也小松町人文太郎・笹原新保屋也小松町人与左衛門民政御用懸り中村吉五郎
府権判事心得附属として出張の旨ニて来訪小話、家君より伝附もの等之有

十一日　杉本長岡より到着、同人重て三条在勤命らる、自分義ハ長岡在勤致可旨御達辞令
書杉本伝附相渡候事

十五日　大風雪　朝五時過上途、長岡へ夜ニ入着

十六日　條卿へ参謁、今昼岩田大作・高山平丈夫到着、夜両人来話小酌

十七日　南部彦助越前藩士・渡辺儀左衛門石州藩士権判事同道出局、夜入帰ル、同夜藤田庄左衛門越後高田藩士五等官判事試補招飲、岩田大作陪坐談話多々

十八日　出局中岡田助三郎来書達、條卿へ御達方等之有、同卿御出席ニ付御達申、今日牧(232)野駿河長岡城主御所分仰渡され候旨、家来名児屋軍衛より達ス

廿　日　京都詰宮原大輔・恒川新左衛門より来書云、東京日誌の内ニ府ハ新潟ニ移さる、知事西園寺殿、判事前原五位彦太郎事権判事高野広馬・山口範蔵・高須梅三郎・本田弥右衛門命らる、柏崎県知事久我殿東京滞留、右県ハ廃せられ岡田助三郎等判事免られ、府は知事四條殿初、安井判事、小笠原権判事弥右衛門事等一統免られ候旨申来ル

廿二日　今日局於知事卿改て当民政局主附命らる

廿四日　連日局務繁多、夜ニ入精勤の慰労として酒肴ヲ下さる

廿五日　風邪難俄見合候処、知事卿より家司渋谷孫三を以御尋、且御内意の趣之有南部・渡辺両人甚苛刻、属官苦情の趣も聞召され候ニ付、是非転局致為度との御内命ニ付、存意の趣孫三迄申含、猶又翌廿六日朝参謁立て申上置候処、夫々御許可の上、然ハとて南部ハ先当局是迄の通り、渡辺ハ改て出雲崎へ転局仰渡らる

廿六日　御用仕舞ニ付、知事卿へ相願休暇中勢時三条へ罷帰り、官邸等跡仕抹致度旨申上候所、御聞届

(232)忠訓《くに》　宮津藩主本庄宗秀二男、七万四千石

廿七日　朝五時上途、晩景三条官邸へ着、小林・岡田来話小酌

廿九日　無事静閑、独酌守歳

辰十二月御沙汰　松平容保会津侯(233)

昨冬徳川慶喜政権返上の後、暴論ヲ張り姦謀ヲ運らし、兵を挙テ闕下ニ廻る
云々、居城ニ拠兇賊の称首となり、飽まて王師ニ抗激云々、屹度厳刑処さる可の処、至
仁非常の宸断を以死一等を減し、池田中将へ永預ケ仰付られ候事

松平喜徳(234)

父容保の不軌を資ケ、兇賊の首唱となり云々、一等を減し有馬中将へ永預仰られ候事右
家来一同高田・松代両藩へ御預ケニ付追々引渡し

保科弾正君(235)

松平容保家の内、反逆首謀の者、早々取調可申出候事

池田中将有馬中将へ同断

松平容保義云々　永預仰付られ候間、厳重取締可致旨御沙汰候事

二十八万石下賜仙台城御預　伊達慶邦(236)

四万石召上られ嫡子義憲へ　上杉斉憲(237)

十二万石下賜庄内御預　酒井忠篤(238)

二万四千石下賜長岡城御預　牧野忠訓(239)　南部利剛(240)

松平容保追討ニ付、至重の、勅命を蒙候処、窃《ひそか》に両端を持し、賊徒ニ通し遂ニ反復、王

師ニ抗激恣ニ箱舘守禦の番兵を引揚、官府の兵器を破毀し、剰へ官舎を自焼し兇暴を呈し、今般状罪ニ及と雖も、天下の大典ニ於て無罪難被るニ置、之依城地召上られ、東京於謹慎仰付られ候事　叛逆者の家来早々取調云々

同人へ

今般城地召上らる云々、出格至仁の思召を以、家石立下され、更ニ十三万石下賜候間、

(233)会津二十三万石藩主、文久二年京都守護職、孝明天皇の信任厚く、薩長討幕派の敵と目され、鳥羽伏見の役に慶喜と江戸へ逃れ、新政府の追討で若松城に籠城降伏、維新後日光東照宮々司、明治二十六年（一八九三）五十九歳亡

(234)会津藩主、若狭守、号天山、斉昭の十九男、明治九年フランス留学、明治二十四年（一八九一）三十七歳亡

(235)正益《あり》　飯野藩二万石十代藩主、大坂定番、若年寄、第二次征長に供奉、慶応四年血縁の会津藩主松平容保が罰せられた影響で謹慎、明治二年飯野藩知事、廃藩で免職、明治二十一年（一八八八）五十六歳亡

(236)仙台六十二万石十三代藩主　戊辰役で慶喜追討に反対、会津追討に出兵、後新政府軍と対立し降伏、明治七年五十歳亡

(237)米沢十八万石十三代藩主　有名な鷹山以来の善政を施行、様式銃製造等諸改革を推進、戊辰の役で政府軍と激突、諸藩に先んじて降伏、明治二十二年（一八八九）七十歳亡

(238)庄内十四万石十三代藩主　慶応三年三田の薩摩邸焼討、戊辰役に藩外各地で新政府軍を撃破、明治元年謝罪開城、謹慎、同三年西郷隆盛の知遇を得て藩士七十人と鹿児島で兵学を学ぶ。同十二年ドイツへ兵学留学、地元鶴岡の経済や教学振興に尽力、大正四年（一九一五）六十三歳亡

(239)長岡藩七万四千石十三代藩主　大政奉還に公武合体を建言、明治元年後中立を表明したが北越役で降伏、領地減石二万四千石となる、明治八年三十二歳亡

(240)盛岡二十万石十五代藩主　安政の大地震で負傷し身体的問題を抱え、政治は家臣任せの所があり、百姓一揆・勤王佐幕派抗争等あり、明治元年（一八六八）朝敵の責を負い退職、元治元年英国難破船救助でビクトリア女王から賞さる、明治二十九年（一八九六）七十歳亡

血脈の者相撰早々願出可候事
宗家利剛の指揮ニ随ひ云々　南部信民
千石召上られ隠居血脈の者へ相続
城地召上られ東京於謹慎家名　丹羽長国(241)
立下され更ニ五万石下賜二本松御預血脈の者へ相続
丹羽長国義別紙の通仰付られ、一橋大納言候ニ付其方邸内へ引取謹慎致為可事
六万石下賜棚倉城御預　阿部正静(242)
謹慎血脈の者へ相続　内藤信思(243)
五千石召上られ隠居　久世広文(244)
小笠原中務大輔へ永預　林忠崇(245)
十二月九日御沙汰土地替仰付られ候事、牧野伊勢守(246)
同姓信忠紀伊守事隠居勝翁儀　内藤三郎泉州岸和田岡部家より養子
先般御処置仰付られ候ニ付、其方へ五万九十石余下賜家名相続仰付らる　以後藩屏職を
重し勤王尽忠之有可旨御沙汰候事　巳二月三日
行政官

越後三条蒲原郡局支配長寿人戊辰十二月廿七日養老典ニ付
一　弐千百四拾七人　七十歳以上

一　三百八拾壱人　　八十歳以上
一　拾六人　　八十八歳以上
〆

明治二年己巳正月元旦

官邸蕭然迎新十二月七日出　卿書到達
邸内惣役員来往賀年
三　日　暁天僕縊死過分散躰等ニ付て願

---

(241)陸奥二本松十万七百石十一代藩主　文久三年（一八六三）京都御守衛、元治元年天狗党応援に出兵、明治元年落城前米沢へ、後降伏、謹慎、明治三十七年七十一歳亡
(242)陸奥棚倉十万石藩主、慶応元年兵庫開港論で幽居となった藩主正外《とう》を継ぐ、戊辰役で官軍に抗し落城、謹慎、封土没収後許され六万石息正功相続、明治十一年三十七歳亡
(243)村上五万石藩主　嘉永三年京都所司代、勤王の志厚く内侍所修復に努む、江戸城本丸普請御用、日光東照宮修復惣奉行、安政大獄の裁断に預かる、学館克従館建立、文武を奨励、疏水事業の大成や川での養鮭事業など治政に功あり、明治七年六十三歳亡
(244)下総関宿《やど》五万八千石藩主　前藩主が文久二年致仕・謹慎で相続、慶応四年当時江戸諸家臣二百余名が新政府軍に抗戦主張、上野戦に敗れ五千石没収、致仕、明治三十二年四十二歳亡
(245)上総請西《じょうざい》一万石藩主　号如雲・一夢、槍を伊能矢柄に、画を狩野薫川に学ぶ、慶応四年六千人余の家臣と脱藩、東征軍を箱根に襲い小藩と思えない佐幕活動を行ったが降伏。弟忠弘が三百石相続、後請西に帰農、東京府中属、昭和十六年（一九四一）九十四歳亡、歌集「おもひ出くさ」等著
(246)忠泰《ひろ》　越後三根山（峰岡）一万一千石藩主　文久三年六千石の旗本から大名となる、戊辰の役に奥羽同盟軍に加わり降伏、謹慎、明治十五年四十八歳亡

五　日　午後藤田庄左衛門来訪、水原在勤命られ、急発足の旨、当十日府県判事一同集会の旨、且條卿御伝云の趣も之有、同日集会の廻文も到来、

六　日　條卿御家司到着の由

七　日　午後知事卿御到着、暫時当所御滞留の旨、水原新潟局引払当三条へ引纏メ申抔の内議も之有由、既ニ新知事等命られ候旨日誌ニも之有候得共、末旧知事等へ何等の御用命も之無ニ付物議悉然、西園寺新知事卿も御下行の所、御引返し東京へ御越

九　日　條卿御旅館へ召され候得共、腹痛難儀ニ付奉辞候所、晩景御当別の御酒肴等官邸へ持為下され、御莚席ハ小林文作壱人迄の由

十　日　夜ニ入御呼立ニ付参侯致候処、明十一日払暁御発駕御上京成られ候ニ付、御申送り件々之有、府の官邸等御托嘱の事

十一日　暁天参侯致し候所、重て三条在勤致可旨命られ、直様御発駕成られ候事、知事卿御発輿ニ付十二日南部彦助・渡辺儀右衛門・山崎伝太郎来訪、種々談判之有、今朝杉本行蔵并小林文作・逸見文九郎四條卿ニ随従上京の事

十八日　鈴木文台呼出七十余歳古学者庶務方相達、且蒙養舎卿学校専務申渡候事、廿一日　開講、夕局中一統来飲

廿三日　岩田等役名等級等子細本多播磨守殿へ達書、并右人々御取立組替願書相添金沢へ、林哥喜知へ伝附相達候事

同日新潟在勤府判事楠田従五位十右衛門と称ス等より来書ニて、今般柏崎県廃され、当府

泉沢弥太郎新潟旅宿へ来訪

の管轄命られ候旨　報知

同日岩田大作頭取申渡、至急水原へ出仕申談候様申来候事

同　日　夕判事楠田十右衛門・権判事三沢揆一郎・水野千波連名の来書ニ云、今度柏崎県廃され、当国一円新潟府管轄仰出らる、且佐渡も当分管轄致可旨仰出らる、右ニ付申談の義之有候間、早々出府致可旨ニ付、黒坂二瓶次出府致為、自分当病の趣申遣ス

廿七日　昨日黒坂帰局、今朝岩田大作同道乗船、夕七時過新潟へ着船、笹屋忠八方止宿、鈴木平介来話、夜沢田覚之助来話

廿八日　南部・渡辺・鈴木同伴出局、昼後会議、夜神保八左衛門旅宿へ行、小話小酌、沢田同宿なり

廿九日　夜和泉屋富蔵来話泉沢弥太郎事

晦　日　朝鈴木平介・沢田覚之助来訪、午前岩田大作と分袂水原へ出立別情惨々互ニ出立、晩景月潟村宿投

二月朔日　午前帰局、弥彦より鈴木来書、吉田駅より南部来書

八　日　大脇康之助来訪、家書持参、当地出役

廿一日　高畠直松・上坂治三郎(247)来書ニて若松表引上、今晩当所止宿の旨、家書伝付致候事

廿八日　旧幕水原代官所元手代福永右門租税方雇申渡

(247)元之《もとゆき》　百石、文久三年京都御守衛、元治元年水戸浪士を敦賀へ護送、慶応二年上京御供、越後役出陣、会津若松会議所勤務、会津降伏人護送、三等上士、藩掌商法掛、史生、明治三年三十三歳

権判事一統免られ東京へ御召

※鍋屋楼

三月四日　岩田本藩於定番御歩並命られ、弐拾五俵拝賜の旨申来、瀬尾健蔵他之助事民政御用勤中、定番御歩並命らる

九　日　地蔵堂へ出役、楠田判事・南部等五六名同断、信濃川分水ケ所大河津地所堀割詮議ニ付見分の出役也、十二日帰局

十五日　未明今度京都より取寄の烏帽子下垂の正服ニて、八幡宮へ拝参、野崎・瀬尾も社参候事右官服四等官以上示後相用申可旨官令也

廿　日　今暁新知事壬生侍従殿地蔵堂御発輿、三条より舟行水原へ御到着の旨

十九日　新潟楠田より至急呼立の書到来ニ付、廿日昼後乗船、薄暮新潟へ到着

廿一日　朝南部へ行渡辺・嶺・沢田・鈴木等来会、酒飯、午後同道出局、楠田従五位内談の趣等之有、相済又々同道招魂場日和山等遊歩、薄暮帰宿、沢田来話

廿三日　呼立ニ付一同出局致候所、楠田判事帰局ニて権判事一統当職務免られ、東京へ御用の旨申談の事、夜楠田等残不別盃盛宴、此度新潟県ニ相成、知事楠田従五位任られ候事

廿五日　知事・判事・旧権判事等鍋屋楼ニて重て餞宴盛会

廿六日　午後舟行沢田亀田迄送来ル、南部・渡辺・嶺・山崎伝太郎同伴、晩景水原着、夜岩田来話岩田当所在勤、廿七日壬生卿拝謁

廿八日　晩景より旅宿へ南部・渡辺・嶺・山崎招飲、自分と別盃

廿九日　朝壬生卿へ帰局御届、前原彦太郎新判事へ面談、引送り方等示談、御前出立、晩景加茂一泊、晦日出立、午前帰局、出勤

三条出立帰郷

四月二日 晩景局一統召飲月五六度宛招飲 四日局務引送前ニ付、今日より官宅明ケ一旦三日ニ五ノ町旅籠屋へ下宿、四日退局後直様成田伝吉方へ転宿

八　日 当局主附岩田大作判事試補水原より今日到着、夕同人旅宿ニおいて開莚盛会、局内一統集会

十　日 出局、岩田へ引送相仕舞、本府へ届等御達申候事

当方御用向引送方相済候ニ付、直様東京へ罷出可処、老父義春来次第老病難儀罷成候間、願奉何卒一先帰省仕候様、せかれ共より毎々申越候間、今度帰省暫時対面の上、早々東京へ罷出申度御坐候、此暇御聞届下され候様仕度、願奉候　以上

四月十日知府事殿　閣下　榊――

十四日 夕景より旅宿餞別開莚(宴)、局内一統小遣迄来飲

十六日 朝五時三条成田伝吉方出立、弥彦ニて午飯、寺泊り宿

十七日 出雲崎午飯、柏崎泊り、夜宝雅堂等来ル、筆硯等買上

十八日 鯨波より乗船、鉢崎へ上陸午飯、黒井駅投宿

十九日 有間川より乗船、半里俄ニ暴風、上陸夕能生へ止宿

廿　日 外浪より舟行、七時過越中国泊りへ着宿

廿一日 愛本通り三日市午飯、滑川投宿、廿二日東岩瀬ニて岩田大作留守へ安否申遣し、同人おち途中迄挨拶ニ来ル、高岡ニて午飯、今石動泊り、当駅より金沢へ飛脚指立候事

廿三日 津幡ニて午飯、八時過大樋迄源四郎・彦太郎・唯次郎等迎ニ来ル、帰着、親戚知

大島家作買受約定
味噌蔵町片原移住暫時
見合の義頼聞候事

音来祝、家尊清穏雀躍、開宴

五月朔日　昨廿九日大島余所男家作買請示談ニ取懸り、林徳之助周旋方依頼、今日同人同伴家作一覧ニ行、示談相調ヒ弥弐百〆目ニ買受、同居古屋鉄脇居所ハ四貫五百目ニ買請候事、

二日家君・徳之助御同伴右家御一覧ニ御越の事

十三日　家君宮腰浜へ御遊歩、一家残不御供、高井老母も

十九日　河内山隼人[248]大少将組弐百石也娘へ唯次郎婿養子、今日指上候事、高崎十左衛門媒介懇望の事

廿一日　家君向粟ケ崎へ御閑遊、一家残不御供、唯次郎一人留守・竹舎君・辻宗作夫婦同道上田村嘉女も同遊なり

廿二日　二ノ丸へ罷出播州殿本多へ御別席を以岩田大作・野崎他吉郎・瀬尾健蔵・逸見文九郎四人自分御取立方願立書取、直ニ御達申、猶又口達を以縷々願立置候事前月帰国後此度ニて四度目なり

廿三日　昨日高崎を以河内山より唯次郎同道初て近付為参可旨ニ付、今日唯次郎同伴参ル、尤高崎も同坐、小宴清供

廿六日　神保八左衛門招飲、岡田静山・関沢遯翁六左衛門事・竹中久之助東都より帰省中来会、清話、廿七日関沢又々招飲、神保・竹内同会、黒川良安一昨廿五日崎場より帰家、同坐談笑夜尓通

六月二日　御席并三等上士頭へ弁事への御達書写并辞表扣相達、播摩守殿・大島三郎左衛門[249]三

稠松様従五位下等拝任

※政事堂

等上士頭受取の旨申来候事
守直七尾出役所より帰家
津田伴四郎小将町家作買受度旨

二　日　越後征討ニ付御出勢賞典為壱万五千石御加増遊され候事

七　日　稠松様従五位下、淡路守ニ任られ、指続キ従四位侍従ニ任られ候段　十六日申来
候事

十三日　今夜藤江屯一妻林徳之助娘なり恒女、平産女子出生

十六日　夕(250)政事堂より　榊原三郎兵衛殿

明十七日政事堂へ御用　右小紙到来ニ付御届左ニ今十七日四時過政事堂へ御呼出の処、
先達て以来病疾難儀仕、引罷中ニ付罷出得申不候、此段御届申上候　以上
　　六月十七日　政事堂　　榊――

同日昼復重て政事堂より左の通
　　榊原三郎兵衛殿
今日政事堂へ御用の所、病気の旨、依て名代人御用の事
右ニ付唯次郎名代として罷出候処　榊原三郎兵衛

(248)寛方　二百石、河内山家八代目、三等上士、明治五年隠居、明治十八年六十六歳亡
(249)弘重　四百五十石、明治三年四十一歳
(250)明治二年の改革で公務局・会議局・監察局・庶務局を統括した庁で、執政・参政がその長であった。

徴士免られ候事　五月　行政官

榊――

勤仕中格別励精の段、神妙の事ニ候、之依布壱疋并金五拾両下賜候事
右拝受改て当座の御礼、重て御席ニて申上候由、尤常服の侭ニて別段御礼勤ニも及不旨

廿三日　左の通拝承　御官名
金沢知藩事　御付られ候事

御官名

今般版籍奉還の義ニ付、深ク時勢ヲ考察られ、広ク公議ヲ為採され、政令帰一の思召を以、言上の通聞召され候事

六月　行政官

家作引請引移り

廿八日　布達　版籍返上ニ付、半納売揃致不筈ニ付、朝廷従御指図迄御取扱弐百九拾石迄、百石ニ付四百貫文、正札拾両御貸付の旨、今日大島余所男より[251]稲荷橋下家屋敷引受ニ付、林徳之助同道罷越、夫々約束通り請取渡相済、家財持運ヒ廿九日・晦日ニ家内一統引移り、小将町家屋敷ハ晦日津田伴四郎へ引渡し候事

七月廿日　鈴木平介山中湯治願暫時帰省、明廿一日上途、新潟へ帰局

廿八日　唯次郎儀、河内山隼人婿養子願の通命らる

唯次郎養家へ引移り

八月朔日　唯次郎養家へ引移為候事、家君自分祝義ニ行

橋爪御門御番入

四　日　先達て三等上士頭奥村甚三郎組へ組入命られ、今日初て橋爪御門へ昼番相勤、中[252]

能美郡宰拝命

本多従五位横死

村小太郎へ同道相願候事

五　日　本多従五位殿より紙面左の通、

　中折旅封　表書　榊―殿　本多従五位

御手前儀、御用之有候条、明六日四時過二御丸へ罷出らる可候　以上　八月五日

六　日　罷出候処、能美郡宰仰付られ候事四等官一統上士頭長(253)九郎左衛門支配職俸月四拾石なり

郡治局留書来祝、御席坊主へ三百疋、竹ノ間坊へ弐百疋、小遣へ両人壱〆文、坐頭・聾女へ弐百疋、外祝弐百疋、各酒食祝為来候事、親戚知音来祝、盛宴、物よし拾弐匁、三大夫三匁祝、外出入人家来共等祝為金子遣候事

七　日　今朝二御丸御廊下於、山辺等激徒本多播摩守殿ヲ殺害致し候事

今朝富山淡路守様御旅館へ、御機嫌伺為罷出候事

十　日　朝富山従四位様御発駕、東京へ御上途の由、一足御在所へ御帰の上、十日夕七時

前守脩東京より帰着

十三日　政事堂へ御呼立、諸郡宰、市宰・勧農主事・会計・知事・副知事とも藩知事様御前へ召為られ、作躰并窮民救助方巨細御尋問、終て本多従五位横死の一條ニ付、従五位儀は長々格別尽力精勤厚御依頼も遊され候処、下々心得違の者も之有、甚御心外ニ思召

(251)金沢惣構堀の橋で、殿町と味噌蔵町に接し、近くに稲荷社があった。

(252)慎憲《しずのり》　百五十石、明倫堂読師、銃隊御馬廻、藩掌社詞掛、権少属監察掛、明治三年四十六歳

(253)成連　三万三千石、老臣長家十一代、明治十二年三十六歳亡

守脩奥郡一等承事拝命

※今上御誕辰

守直能州所口一等承事
三等上士拝命

され、朝廷対為られ候ても仰訳られも如何と、実以御心配遊され候旨等、深厚御説諭遊され候事

十五日 職務の御礼申上候事、御太刀・御馬代・御肴代献上但目録添

同日親戚知音打寄祝宴、河内山家内一統初て来祝

同勤能美郡宰試補村森右衛門十三日小松へ出役(254)

九月朔日 登城、当日御祝詞、夕石黒魚渕一等承事、中西昇三郎招飲(255)

八日 守脩鳳至・珠洲郡治局一等承事命られ候事

九日 小松出役巡見、朝六半時上途、夕七時過到着、村来話、御城番三田村主斗在番中ニ付、十日ニ行対酌、三田村十三日今枝と交代帰家

十一日 登城、御城内不残見分、日々旧知富沢・田中・湯浅等来話

廿一日 安宅村領引受の三拾万歩地所見分為承事、安原留書等召連巡見、安宅町役所ニて午飯、晩景官邸帰

廿三日 今上御誕辰ニ付、局内休暇、今日勘定方見届

廿四日 上途、一先帰沢、小松梯ニて小幡順太郎薩州へ御使ニて、只今帰途と申事、道中同行種々珍話多し、夕七時帰家

廿六日 守直能州所口二等承事一等承事ニ昇進、三等上士命らる

同日守脩任所輪嶋へ出役上途、十一月廿八日帰家

十月朔日 守直職務御礼申上候ニ付、親戚知音開宴祝盃

郡宰免職
守脩権少属任らる
三田村たき子病死
※藩庁引移

三　日　巡察使北垣・篦両使、柏野泊りニて通行の由
廿　日　夜ニ入前田[256]弾蕃殿より呼立ニ付、罷出候処、対面の上今般職制御改正ニ付、職務免られ候旨申談の事
廿八日　守脩権少属任られ候旨、十一月五日輪嶋より来報
十一月廿一日　三田村長女多喜子昨廿日昼前癇閉塞、遂ニ開不今日死去の旨来報、当年四歳也
藩庁前月末長少参事九郎左衛門事屋敷へ引移しの事
[257]本多資松屋敷御借上、従三位様御住居相成、十一月十八日より
十二月廿四日　守直往所越中杉木より帰家
歳末無記事、世態種々変遷一夢場

明治三年庚午正月元旦

二御丸於御遥拝、判任以上御礼
二月朔日　従前の八家并人持組、広坂御住居於年頭御祝詞
三　日　家君八旬初慶の寿莚、品川椿樹左門・水原[258]清函清五郎・岡田静山助右衛門・市川[259]

(254)六百五十石
(255)寛之《ひろゆき》　百五十石、鉄砲奉行、鉄砲玉薬奉行、壮猶館御筒奉行、製薬奉行、能美郡治局、権少属、砺波・射水郡治掛、権少属民政掛、明治三年四十九歳
(256)孝敬《のり》　一万八千石、老臣前田長種家、慶応時代上京御供、一等上士頭、御城番、大属議衆、明治三年二十四歳
(257)政以《ざね》　五万石、老臣本多政均が父、大正十年（一九二一）五十八歳亡

山中入湯

真龍院様御逝去

※暴風雨津波で万年橋落下溺死者多し

三山三治郎遂庵・竹舎・加藤東渓甚左衛門・高林景寛孫兵衛芳嵋・佐々木泉玄・[260]市川得庵小左衛門・岡嶋東山十兵衛・直山大夢、拾壱石、翰墨雅遊　午従夜る尓至各歓尽退散

五　日　守脩所口出役上途

此頃山村ニ窮民追々出来、菜色アリ

四月二日　津田藤蔵同伴山中温泉入浴、今日上途、粟津一泊、三日山中へ入湯、十日ニ至り津田病気ニ付上湯帰家

廿七日　守脩穴水出役

守直廿四日ニ高岡・杉ノ木へ出役

五月廿九日　守脩帰家

六月朔日　守直帰家

八　日　午半刻　[261]真龍院様御逝去

七月十二日　守脩宇出津へ出役

守直十八日高岡へ出役

十七日　於藩庁給禄証書拝授

九月廿八日　守脩免職の事

八日　東京越中嶋ニて繰練献覧の所、暴風雨つ波ニて万年橋落下、典楽頭両人溺死、供奉の内溺死三十余人と云、前日土御門家より奉聞の趣之有候抔、喋々巷説此年無異事日記大略

明治四年辛未三月元旦

別事無一家団欒伝寿盃

二月十四日　岡田静山翁病死、翁本月朔日弊奉書画莚（宴）ニ父子共臨席、七日より病疫て遂不起　嗚呼

廿六日　広坂御住居春秋□　有園御馬場ニて御乗馬拝見、従三位様・従四位様御乗馬、正三位様遊され不、午後鳩居亭ニて書画御開莚（宴）、御酒肴、午飯等拝味出人弐十人斗家君ニ陪従す

廿八日　守脩予備隊仮中尉命らる　職禄拾六名五千也辞職

晦日　御住居へ御墨拝見、水原清函・矢部[262]晩児順平・東方[263]芝山元吉罷出候ニ付、家君ニ陪従す、午後より夜ニ至る、従三位様御居間ニて御酒・肴・清飯等種々頂戴、夜ニ入御書

※従三位様（慶寧）
従四位様（利嗣）
正三位（斉泰）
去年欤與楽莚大盛会之
有罷出候事
※鳩居亭

(258)清函・保延《よりのぶ》　九百五十石、町奉行、御算用場奉行、明倫堂督学、富山御財用御用、海防方、軍事御内用、銃卒取立御用主付、明治元年（一八六八）隠居、七十二歳

(259)三糺《かずもと》　市河米庵の娘婿養子、二百五十石、書に秀れ泰斉の子息達の手習御用をつとめた、二等上士

(260)三鼎　三山の子供、稠松様手習のため富山へ、御抱守役、書に秀る

(261)加賀藩十二代斉広《なが》の室　隆、明治三年八十四歳亡

(262)阜成　三百石

(263)眞平・芝湖・双嶽・五楊　百二十石、大聖寺藩士、儒学者、十二代藩主利義《のり》・十三代利行《みち》・十四代利鬯《か》に仕え、特に利鬯に信頼され藩内随一の経世家だった。幼時より漢学を学び、儒者林蓀坡に入門、京都の蘭医日野鼎斉に学び、又四条は派吉田公均に画を、書を貫名海屋、詩文を池内陶所に学ぶ、藩校で子弟の教育に努む、参勤で江戸に居た間安積艮斉に入門、漢学・蘭学・詩文・西洋流軍備・洋学に通じ、広く学ある人々と交ったすばらしい人物、人材登用・産業振興にも尽くした、明治十二年（一八七九）六十七歳亡

※善福寺より出火

※安立寺より失火・玉泉寺類焼

前田利嗣東京遊学

※向松庵

※三朝楼

画遊され、夜ニ帰家
同夜午夜過尓材木町善福寺(264)より出火、類焼拾五六軒

三月十一日　守脩高岡へ出張、五月朔日帰家

十九日　守時常備隊仮中尉拝命

廿三日　泉三ツ屋安立寺(265)より失火、類焼弐百軒斗、玉泉寺類焼

廿六日　兼六園巽御門(266)ニて書画会、青山与三・矢部順平・石黒千尋三人拝借人、正三位様・従三位様御書画遊され、御展観も出ル、且又御奥向・御子様方も御出の事、水原・矢部等申合、重詰献上、出席人弐拾名余、一統展観も指出候事、家出頭陪従す
当二月朔日　草書書画会の節、岡田静山父子来会、揮毫の所、同月七日より静山病臥、同十四日朝遂ニ隔世の人となる、惜可、以故此会ニ乞不　嗚呼

廿八日　従四位様御遊学為伊勢参宮、東海道通り東京へ御出の筈ニて、今日御発駕

四月十五日　従三位様東京へ御発駕、七月十七日御帰藩

十六日　矢部順平取立ニて、長尾七郎右衛門宅ニて書画会、家君ニ陪従

十八日　加藤東渓・岡島東山・山本威斉同道水原清函帝慶山下の又新亭へ閑行、堀某の山居へ吟遊後ニ割烹店となり向松庵と称す

廿一日　観音町三朝楼ニて岡田静山先生追悼書画会、水原・市河・竹舎・高林・東方・狩谷・岡野・原田等来会、家君ニ陪従

五月朔日　弊庵書画会品川・水原・市河父子・岡田淡堂斉・林夫婦、并静香女・岡野・篠田主

膳・狩谷芳斉・平野弥十郎・小杉ノ友石等来会、月次定日近来稍衰、今日ハ挽回の機あり (267) ※小杉ノ友石

四日・五日　大雨・出水小橋・天神橋流失 (268)

七月十四日　廃藩置県の布令アリ、諸藩知事官免られ、知事家属(族)共東京居住命らる、此一條ニ付、魚渕同存の趣之有ニ付、侑喜千殿当地ニ長く御居住成られ然可哉の旨、赤井伝右衛門御用部屋迄御同人御守織田整下村敬吉事を以内々示談及候処、赤井より正三位様・従三位様へ伺候の処、何分夫々御届方も相滞定の義ニ付、此度ハ御採用遊され難旨、赤井より面語ニて申開の事 (269) (270) 廃藩 ※侑喜千殿

廿一日　唯次郎常備隊准中尉命らる
　職禄三拾三石也

八月八日　昼後幾曽平産、女子出生　柏野様八重出生

(264)金沢橋場町（旧材木町）にある真宗東派、江戸時代藩内宗院の触頭、慶長六年石川郡大桑村から現地に移る、本堂は土蔵造り、キリシタン灯篭がある。
(265)金沢沼田町、常秀山、日蓮宗
(266)金沢の兼六園内現在の成巽閣、十二代斉広夫人の居所だった。
(267)一房　三十三俵　割場付足軽小頭・盗賊改方・定番御歩並　明治三年六十一歳
(268)慶応三年（一八六七）卯辰山開拓のため仮橋から架け替った、以前は人々の勧進で作られ「勧進橋」と呼ばれていた。
(269)加賀藩十三代斉泰の息利武《としたけ》　元治元年（一八六四）十二月金沢生、別家を起し明治二十三年二十七歳亡
(270)直喜《ひろ》・喜内　三百石　二の丸・金谷御広式御用、御先筒頭、御勝手方御用、御守殿御用人、元治元年京都御守衛・芸州出張、常野州脱走浪人追討草津出張、加賀藩に降伏の水戸浪士敦賀護送、慶応元年江戸詰、新流稽古方主付、一等上士頭支配、家令、家扶、明治三年六十一歳

従三位様東京御移住御発車

市河移住

正三位様御移住

十一日　従三位様東京御移住ニ付、御発駕ニ付十日夕守直・林又一徳之助事同道松任泊り、小松ニ一泊、十一日御旅館小松町北市屋権次郎方へ罷出候所、御目通り御懇の御意を蒙り候事、守脩ハ役用之有栗生河原迄御見送申上候事、十二日朝今江村旧御境地迄御見送申上候事

家君ハ十一日御住居迄見送ニ御出の処、堀半左衛門定番頭隠居・岩田内蔵助[271]定番頭隠居・家君三人御前へ召され、段々御懇の御意の上、御箸付の鯛御焼物堀と家君へ頂戴岩田へハ下され不よし、重て御式台ニて老人折角大節ニ保護致さねばならぬぞと御意の由、有難感涙の至也

廿一日　市河三山父子、家属一統東京移住ニ付、今日発足東海道通り

廿七日　広坂御広式向一統東京移住、今日御発途也

九月四日　正三位様御発駕ニ付、高林景寛・林又一同行西潟高畠□ハ米積を訪れ、夕七時小松へ着、高林ハ鈴木平五郎方投宿、僕又一と油屋久左衛門方へ投宿、夕御旅館へ相伺候事

五　日　今江御小休所ニて拝謁、継々御懇の御意之有候事

御境ニて御見立申上、油屋ニて午飲、高林同伴北市屋権次郎方立寄小飲、寺島練太郎[272]同人方ニ夜前より止宿、今一泊致し候旨、又一ハ今朝小松ニて分、手先へ帰家、高林・鈴木平雄年寄事三人同伴犬丸村北村[273]与右衛門方へ寄小飲、湊村太田糀市方へ投宿

六　日　朝餐後、又小飲、午飯後上途、西潟米積を訪ひ、同所中川岳右衛門元農長也方へ行、米積等酒莚(宴)開、酔談、晩餐申後分手上途、夜五時過各帰家

土田辰子小坂へ嫁ス

内田政風到着

敏子武へ嫁ス引移

十六日　守直次女辰子後改名順小坂他丑へ嫁ス、今日引移り
従三位様当五日東京御到着の旨

廿四日　内田[274]大参事政風到着、廿五日只今迄の大参事等残不一統免職、廿七日属以上一統
免職

廿八日　敏女武初次郎与力三百石へ縁組、今日引移為、自分夫婦・守脩等祝義ニ行、饗応厚
し、媒酌中黒誠之進也
守時八月廿二日東京詰発足、三小隊九月九日横浜へ出張の旨

十月四日　敏女里披武母子次郎吉・中黒滅之進・山田良助良助亡妻武弐番目女河内山隼人夫婦、
并唯次郎妻・半助夫婦七番丁父子・古路父子等来話小宴、翌五日林繁・上田清右衛門・
山田六郎・野崎他吉郎来飲

十一月十六日　奥村[275]栄滋義十郎号漪音今日初て詩盟招入られ、安井青軒・家君・余陪従・岡嶋

---

(271)政之　一千石
(272)孝《たかし》　三百石　明倫堂読司、新川郡奉行、魚津町奉行、砺波郡寄試補、三等上士、権少属新川郡治掛、家従、祖父は蔵人、明治三年三十四歳
(273)能美郡犬丸村（現小松市）御扶持人十村
(274)元薩摩藩士、島津久光が文久二年江戸へ向った折汽船で武器を運ぶ。翌年京都留守居、元治の変に活躍、戊辰の役に軍需を司る。維新後薩摩藩参政、金沢県大参事、石川県権令、参事、大参事、明治九年島津忠義家令、同二十六年（一八九三）七十九歳亡
(275)老臣奥村宗家十四代　一万七千石、前田利嗣の学友、廃藩後尾山神社宮司、後金沢市長、大正十二年（一九二三）七十一歳亡

東山陪吟、示後往来吟遊

本多元家士等岡野悌五郎を殺害

廿三日　夕県庁前ニて元長九郎左衛門邸藩庁也本多故従五位家来本多弥一(276)・富田総(277)・鏑木勝喜知(278)・吉見金三郎(279)四人ニて、少属岡野悌五郎(280)を軒殺す、矢野策平(281)・西村熊(282)・舟木鉄外(283)・浅野弘五郎(284)・清水金三郎(285)・広田嘉三郎(286)・湯口藤九郎(287)七人ハ小立野与力町菅野輔吉(288)宅へ押込軒殺す、以上拾壱人とも翌明治五年十一月十一人共自裁命らる、岡野・菅野は先達て本多を殺害人同謀の由

十二月　無記事　送旧迎新

明治五年壬申正月元旦

椒《しょう》酒献酬

二月十八日　守時詰満東京より帰家去年八月廿二日発足

三月五日　辻孝三同伴城内本丸等残不一覧、夏袖暗龍鐘

六　日　内田参事帰県政風　権参事桐山純孝(289)岐阜七等主任熊野九郎(290)山口到着

隠居料等廃止

当二月廿日頃隠居料并嫡子等親跡相続可者の別段召出され置候知行、又ハ扶持方配知本高隠居知都て廃止

十七日　長六郎(291)山田事一家・小林小尉(292)平左衛門事能州穴水へ近々移住発足ニ付、六郎夫婦・子供小林餞別為招飲四月二日当地発足なり

廿一日　守脩魚津出張、廿四日十四等出仕拝命

(276)政之　五百石　老臣本多家家老、宗家政均の横死に復仇、自死、政均の従弟、剣道に秀る、同志間で敬せらる、二十七歳
(277)勝愛《やす》　本多家近習加用役、父は家老で三百石、二十二歳
(278)氏忠　本多家家老席執筆役　剣道に秀れ書をよくし、蘭学を修む、同志の長矢野に信頼さる、祖先は松任城主、宝永年間（一七〇四）から本多家臣となる、三十二歳
(279)孝徳　代々本多家臣、敵状偵察のため古物商となり種々探り、仇討を成功さす、二十二歳
(280)判兵衛四男　本多政均暗殺の一味として一類預、閉門、外亀四郎の弟、父は判兵衛、県少属、県庁よりの帰途高岡町で弥一一味に仇殺さる。
(281)察倫　五十石　剣術師範、弥一一派の長として同志の統制に当る、暗殺後安楽軒と称す、剛勝沈着の士、四十六歳亡
(282)貞勝　百石　近習加用役、慧敏で膽力ある士、菅野暗殺に加わる、二十四歳亡
(283)篤好《あつたけ》　八十石　大島流槍術に秀れ、一刀流剣道に長ず、元治元年越前出張、京都数回御供、始祖肥後、佐々木貞正に供へ千石を領す、観音寺落城後近江舟喜に移り改姓、佐々長政に仕え後利家に仕官、後直江山城守に仕え再び加賀へ来て本多家臣となる、三十二歳亡
(284)好近　六十石　敏捷快活で敬神の志厚く、剣術・砲術をよくす、数字に特に秀る、菅野仇討に加わり首級を挙ぐ、二十五歳亡
(285)直信　十三俵　徒組近習手水役、元治元年越前出張、明治元年越後出陣、会津兵士を高田へ護送、一味中主に伝令役、事件後禁錮十年、後減刑・出獄後本多家に仕い、明治二十九年（一八九六）四十九歳亡
(286)直久　十三俵　徒組手水役、英式楽隊、兵卒合図役、一味の中では主に偵察の役、菅野討取に加る、二十四歳亡
(287)一重　十二俵　足軽、三十一歳亡
(288)一等中士、本多政均暗殺に賛同、暗殺後一類預、三年間自宅禁固、この刑に不満の本多家臣の一派が小立野与力町の自宅で書見中の輔吉を仇殺した。
(289)元大垣藩士、鳥羽伏見の役に幕軍の中にいる藩老小原鉄心の息を説諭する大役を果たした。大垣藩権大参事、金沢県権参事、石川県参事、石川県令、明治十二年依願免職
(290)別名井上弥吉　八幡隊書記并参謀、元治の変、藩の正俗内訌義、四境の役で戦う、戊辰の役に福山城攻略、箱館五稜郭戦に出陣、明治二年大蔵書記官、権参事、昭和二年（一九二七）八十五歳亡
(291)連義　三百石　長谷部信連六男、元治元年広島出張、明治二年分家して長姓、隊士、明治三年三十一歳

※長九郎田鶴浜移住

千尋翁歿

※太陽暦

※県庁金沢移転

廿五日　守脩富山詰仰らる、四月権少属任らる、七月廿一日帰省

五　月　長九郎九郎左衛門事　能州田鶴浜へ移住

六月廿七・八・九日の三日　金谷[293]御館一統拝見追付御取毀しニ付

八月三日　千尋翁病死

九月十八日　守脩魚津本県へ出立、十一月廿九日帰省

十七日　環翠堂吟集横山多門政和蔵人事陪従家君

今年明治五年壬申十二月三日より太陽暦ニ御改制、同日を以従前の大陰暦は廃止さる

明治六年癸酉一月一日トス

新年拝賀

一　月　守脩魚津へ発足

廿四日　県庁当地移転の事　前年美川元の本吉也、移転ニ成られ居候所、又々当所移らる

壬申年冬季渡りの給禄代、廿一日より相渡る、八十俵以上ハ廿七日、廿八日旧暦十二月晦日ニ相当ニ付、市中都て諸払指引今日致ス

二月十八日　草舎吟集、安井青軒・加藤東渓・岡嶋東山・山田新川・山本威斉相会、此会年々連綿

三月四日　敏女出産臨月ニ付、来寓、七日夜十一時過平産、男子出生信吉称ス

三十一日　奥村漪斉・岡嶋東山・山本威斉来訪、小楼各題待て吉

守郁隠居、守脩相続

※皇居炎上

河内山女子出生夭

※桃雲寺廃寺となる

四月五日　守脩帰省、杉ノ木より八日守脩杉ノ木へ帰局出立

十四日　参事桐山純孝より来書昨日到来父子呼立ニ付、両人名代為県庁へ源四郎・唯次郎罷出候所、願の通隠居聞届、守脩へ家督相続

廿二日　彦太郎・唯次郎・高崎栄次郎同道杉ノ木脩寓所へ行、廿三日各帰家

五月一日　月次画会の処中絶、此日岡(294)野判次郎・篠田主膳・糸屋卯三郎・辻孝三・高(295)畠伊平来描

四　日　寒風霰降、此日東京も同様の旨新聞誌・林省三東京より帰家

九　日　当四日東京皇居炎上西丸なり

十五日　午前八時過、守脩妻平産、女子出生、同廿二日小児病死

十八日　家君粟ケ崎へ御出、家内一統、半助・林藤次妻同娘真女同道きそ仲留守

廿二日　興高(296)林芳崕・佐々木泉玄・同撫松庵吟遊

六月九日　野田桃(297)雲寺類焼、廃寺ニなる

---

(292)英勝　四百石　長家家臣、家老役

(293)現在尾山神社の所にあった、藩主宗辰・治脩・重教・治脩・斉広・斉泰・慶寧が住んだことがある、明治四年（一八七一）前田家の東京移住でこわされた。

(294)政以《かず》　百石　御算用場付足軽、鉄砲指南役、明治元年（一八六八）越後出陣、一等中士、明治三年三十九歳

(295)直松・昜直《やすなお》　七百石　文久三年（一八六三）、元治元年京都詣、明治元年越後・会津出陣、降伏人護送、三等上士

(296)克寛・庇　百石　元治元年・慶応三年京都御守衛、明倫堂読師、集議掛り書吏、記録書抜御用、明治三年二十七歳、父は景寛

(297)金沢野田にある、高徳山、曹洞宗、野田山の前田家墓所守護のための寺

十五日　昨日守直福光・井波廻り高岡へ出役

廿一日　南森下村ニて田地拾五石高買上、示談治定、河内山九石買上

廿六日　午後四時過守脩帰省、七月朔日守脩出役

七月五日　有沢沢右衛門(298)同道南森下村へ地本見分ニ行同村岡本弥三兵衛方ニて酒飯

三田村女子出生

十四日　昨十三日夕三田村嘉女安産、女子出生ミツと名く

廿　日　富山藩士若土(299)春江前田則邦・岡田順次来語小飲

八月七日　横山蘭洲多門政和宅吟集、此日旧彦根藩士岡本半助黄石元一万五千石来吟、安井青軒・本多(300)蘭坡求馬助・永山亥軒平太・石黒雲外一郎江間三吉弟・岡嶋東山・山本威斉等陪宴数人、
主人夫婦弐弦琴弾、興添

十　日　横山(301)又五郎外記事宅、又岡本黄石来吟、陪莚如七日

※旱魃

七月十三・四日　大雨後旱、八月十一日迄無雨、草木枯死、井泉多涸、十一日夜漸雨

廿六日　守脩帰省、九月一日出役

九月十一日　横浜善左衛門・堀田貢・津田勝蔵・河辺八左衛門・萩原平次郎・毛利祐之丞同行
粟崎泛舟、晩景両逢帰

※慶寧侯病重し

従正三位様当一日より御発熱、御咳嗽御痰甚旨ニて、黒川自然良安急御召、当時東京医者佐藤(302)舜海御療治の由

廿一日　西末寺於水原清幽翁清五郎事追悼書画会、漸恙不応招

廿四日　千尋翁一周祭、田中猛之兵吾・沢田(303)義門・魚渕・守直即詠アリ

廿九日　先日来五十二帰省、今日又々出立、東京へ発足

十月十四日　家君三ツ屋辺山遊、姉君・守直両女子内輪一統陪従

小坂出産

廿五日　夜小坂他丑妻辰女男子出産

祝日掲日旗

十一月三日　天朝節ニ付祝賀為毎戸白地ニ朱ノ日丸・六寸ニ八寸以上の旗挿可旨布達、示後祝日毎ニ同様致可旨

十六日　尾山神社御遷坐式

十八日　初て茶種を蒔、廿三日又茶種蒔

廿六日　旧大聖寺侯従四位利鬯君尾山神社ニテ御説教ニ付聴聞

十二月二日　てる発熱、麻疹発す、田中信吾療治、河内山橘太郎・武信吉十日より麻疹、十六日より仲子同断、三田村作太郎十八日より同断

従四位利嗣公・従四位利同公旧富山公御同道ニて当六日帰朝成られ候旨

---

(298)貞固《かた》・小吉　三百石　御近習御用、軍事御内用、明治元年京都、同三年江戸御供、権大属権少参事、権大属衆議、明治三年四十八歳

(299)五百石　明治二年参政、庶務副主事、二十三歳

(300)政優《とみ》　一千石　明治三年五十五歳

(301)隆淑《きよ》　三千五百石　輪島在住、御算用場奉行、文久二年富山詰、元治元年慶寧の退京に海津より急使、大聖寺で前田土佐守に会い引返す、慶応二年（一八六六）・明治元年京詰民政寮会計寮知事、大参事、家令、大属権少参事

(302)尚中　佐藤泰然の養嗣子、長崎でボンベから外科を学ぶ、帰国後佐倉藩養生所開設、明治二年政府に招かれ大学大博士、大学大丞、大典医、官を辞し私費で下谷に順天堂医院を開く、明治十五年（一八八二）六十六歳亡

(303)静方　一千石　明治三年四十六歳

三十日　守脩富山より帰省、三十一日退隠後静閑守歳

今年十月織田整下村敬吉事病死

七年一月廿四日藤田春堂主膳病死

明治七年甲戌一月一日

旭旗飜々飄東風

五　日　守脩富山へ帰庁

二月七日　奥村漪斉宅へ従四位利邕公御招請ニ付、御取持依頼

午前より行、夜半夜過て帰ル、盛宴陪待、横山蘭洲・佐々木泉玄・長谷川六蔵[304]・奥村縫[305]

殿兵衛・岡嶋東山皆陪宴、八日御旅館へ御礼ニ出ル

廿二日　今枝直邦[306]病死の旨息紀一郎より報知

三月六日　林省三妻男子出産

林たか男子出産

十二日　上坂平治大聖寺より来話

十七日　守時富山へ行、二十一日帰家

三十一日　鈴木平雄平介事今朝病死の旨報知

四月八日　吟会槃庵、奥村漪斉君・加藤東渓・岡嶋東山・咸斉・安井謝書

九　日　家君妙慶寺・瑞光寺上田へ御越、車ニて廿七日尾山神社御参詣　かね等御供

十八日　妙慶寺玄海和尚昨十七日遷化の旨報知

※玄海死

従三位様御大病

五月十八日薨去

順徳帝御像還幸

五月五日　利鬯様御旅館へ伺、御帰京御発駕、七日拝謁御見立申上候事

十一日　家君大野湊御覧、内輪自分之外残不七番丁土田・林竹女・定子御同道

従三位様熱海御入湯中、当八日より御発熱、強御咳嗽甚、御脈度急進、十一日ニては百弐十度、おも湯少々召上り、鶏卵牛乳も些少漸上り候旨、肋膜惞衛の御症の由、三田村半助同駒次郎御容躰伺為、廿日東京へ出立

十八日　午前三時三十分、御指重りの旨、廿四日飛便到着、廿日御帰邸

廿二日　薨去御披露、御謚号恭敏公、神葬祭遊さる可旨、且於筆の方挺秀殿利嗣公御生母と御改称の旨、正三位梅典様御申出しの旨

三十日　順徳帝(307)御像佐渡より還幸、当所一泊、御駐輦　博労町越中屋㐂左衛門方

六月一日　画会、高林景寛夫□静香女史・水上等来会　例月の通り

十三日　三田村兄弟・前田(308)兵太郎同道東京より帰家

(304)二百石　本道外科医者、元治元年慶寧の病気御匙御用に海津へ、当時奥方様等の御匙、御出産御用、明治三年三十八歳

(305)八百五十石　老臣奥村家六代弟に始まる家柄、明治初年は悦翁征方

(306)一万四千石　人持組筆頭の家柄、父直応《まさ》は越後戦役出陣

(307)後鳥羽天皇の皇子、幼時より怜悧、母藤原重子は上皇の寵を得ていたため正治元年（一一九九）親王となり、翌年四歳で皇太子、承元四年（一二一〇）上皇の命で土御門天皇に替り天皇となる、在位は十年だが上皇の院政下であり、幼時より反幕府的環境の中にあったので詩歌・管絃等に傾倒、承久の乱後佐渡に流さる、在島二十一年四十六歳、佐渡で亡

(308)正固《かた》　三百石　奥小将横目、御使番、御近習御用、奥小将御番頭、奥御取次役、二等上士、明治三年四十八歳

※犀川大橋流失
※浅ノ川大橋流失
鉄雄東京入学

廿八日　富山より若土春江・大沢某・稲垣碧峯画家来訪
七月三日より連日大雨、七日ニハ両川出水、覚源寺[309]前下ハ大豆田辺流失家夥敷、溺死も数人あり弐百人斗ト云才川大橋抗流失、浅の川同断、大水溺死両三人之有、橋々多分流失、犀川ハ八十年の大水と云
十三日　従四位利嗣様御家督御相続拝命の旨、挺秀様御一生ハ御宿元久徳へ年々百円宛下さる可旨
廿一日　林藤左衛門一家残不東京へ移住ニ付、今朝発足
廿五日　五十二東京より帰省、八月十六日土田鉄雄同道東京へ帰校
三十日　家君末寺へ博覧会御出、姉君かね御供
八月十六日　土田鉄雄東京行、初て大学校へ五十二同道　家君壱歩金八両三歩御餞別贐《はなむけ》
同日守脩富山より帰省、三十一日富山へ帰庁
廿一日　暴風大雨、所々屋根板吹散
九月五日　唯次郎富山へ出立、小学校教師、十二月廿三日帰省
支那[310]一條ニ付巷説区々、物議噪然、藤[311]勉一主謀属集会之有由
十六日　隣家大河原転宅跡へ成瀬正居来往の旨報知
廿二日　篆刻師三浦公甫紀州□□来
十月二日　重女・彦太郎・光仲同伴、守直家内誘ニて二日市山へ茸狩、夕家君柳橋迄迎旁御行歩
十一日　石判方へ行判左衛門此頃卯辰領天神橋上新宅へ移転ニ付行

※冷松院
守静君百回忌
此後本復ナシ

十三日　夜大痙攣ニて大難儀、夜半病院より稲坂謙吉(312)初て来診
廿　日　林徳之助・繁子同道山代入湯
廿六日　土田亡妻七回忌ニ付行
十一月十九日　冷松院様百回忌ニ付、内仏茶湯妙慶寺梵耕(313)和尚来ル
廿一日　家君今朝机辺ニて転跌、午後痲痒、田中信吾来診、中寒と云
十二月十四日　守脩帰省、家君其後□調子宜方、十九日守脩帰庁
十一月廿一日御発病後、日々来客多、此頃少々御快方
三十一日　日々来客多事

(309)金沢中主馬町（現菊川二丁目）浄土宗、法性山号
(310)明治六年征韓の動きがあり、この時先鋒を志した人達があったが中止された、翌七年台湾を征し清国と葛藤を生ずる動きがあり、その開戦直前に先鋒隊を志した二千人が志願書を提出、しかし中止となった、この動きの中心人物
(311)杉村寛正　石川県権参事・能美郡郡長・石川郡郡長をつとめた、明治初期若い藩士の中には政治に不満の者が少なくなかった。当時勢力のあった薩摩の人を金沢県大参事とするよう働き、杉村と陸義猶がこれに成功、内田政風は後石川県権令となる。内田に親しい一派は県の要職につき勢力を持ち、正義党と称し、政治結社忠告社の首は杉村だった。
(312)初代から安仙と称した医家、七代が黒川良安の弟を養子としたのが謙吉の父、明治元年（一八六八）十八歳で医学に励む。卯辰山養生所入学、医学館一期生でスロイスやホルトルマンに学ぶ、明治七年学業優秀で卒業。金沢病院・金沢医学校で務む、同十二年コレラ流行の時大聖寺で働く。同十三年金沢病院分院設立、院長、写経・琴・囲碁・将棋・書画等多趣味、昭和三年（一九二八）七十八歳亡
(313)妙慶寺十七世住職

河内山出産

寿正院様御逝去

明治八年乙亥一月一日

御病褥平穏、献寿觴《しょう》祝、八十五歳高齢

二　日　加藤甚左衛門東渓一昨三十一日発風症、今日病死の旨報知

九　日　唯次郎富山へ帰校、三月廿八日帰省

三十日　品川左門病死の旨報知

去暮来黒川自然・伍堂晋斉・渡辺元隆・田中兵庫・堀大莽・洲倚伯順・稲坂謙吉等時々

御診察申候

二月十二日　唯次郎妻安産、女子出生

十四日　林直東京より帰省ニ付行

田中村末女、去暮田ノ尻村へ嫁候ニ付、小倉女帯地遣ス

廿三日　旧大聖寺[314]寿正院様御逝去

三月六日　高林景寛・佐々木泉玄・高畠米積・山本咸斉来訪、酒一酌暫時小話、水上・林徳・

半助去暮来毎々来謡御好ニ付

十一日　彦太郎今日より岡田秀之助[315]方へ入門、洋書洋算

四月四日　唯次郎富山へ帰校

九　日　今井玄真[316]・伍堂晋斉・高林克寛等八人来、奏楽御好ニ付、且又先達てより河内山

妻聲女同道弾琴ニ来ル、毎度也、古道繁子三弦ニ持参再三御好ニ付来弾ス

五月二日　長六郎妻穴水へ移住、後初て出沢の旨ニて来訪

四　日　堀大葬病死の旨報知

十　日　柏野甚右衛門妻八重女同道来ル

十一日　石油社石坂周蔵社中・成瀬蔵正居同姓旧幕臣招飲の旨正居来報、陪宴

十五日　成瀬□次郎内蔵助跡相続迂斉末子□同名蔵招飲ニ付来会可旨報知ニ付行

廿一日　越後糸魚川旧藩□秋山顕蔵来話

廿二日　杉ノ木出町、小杉左次郎来話

三十日　今午後俄ニ御呼吸速進、暫時言舌不調、須臾ニして開通、田中信吾・稲坂謙吉早速来診、全昨今の冷気ニ御触と申事

六月三日　唯次郎・橘太郎同富山へ発足

五　日　昨日来の冷気ニて痰咳御難儀、御不食かたくり粉湯・鶏卵ハ少々召され、其外ハ水迄、今朝より格別御疲労、人事の具別戻為られ不

家君御物故

七　日　昨夕より煩強悶醜とも申可、今午後一時過御落命、悲哀、夜前より老姉・守直・嘉女御伽・林徳之助・上田清右衛門・七番丁奥豊・小坂奥・林省三奥・石黒判左衛門奥、

(314)加賀藩十二代斉広の娘勇姫、大聖寺藩十代利極《なか》夫人、明治八年六十三歳亡

(315)八百石　与一の二男、慶応二年（一八六六）十六歳で英国へ二年留学、金沢藩少属、道済館英語教師、大坂兵学寮教師、外国教師取扱方、文部省天文局出仕

(316)百五十石　明治元年江戸で加賀藩に召し出された外科医

※逸見文九郎死

※満千堂

※東本願寺新門主

九六・古道奥・郷女皆御生前より詰ル

十　日　午前七時守脩帰家、十一日午前第三時出棺、妙慶寺

十二日　中陰、逮夜親戚知音来吊、内仏茶湯

十三日　妙慶寺ニて茶湯、親戚参詣

十六日　午前五時守脩富山へ出立、八月十九日脩時兄弟同道帰省

七月七日　高林三人、紀堂・沢堂・清江・蕙洲来描、追薦成瀬謙三郎病死の旨報知七月十七八日頃ニ付悔ニ行

廿　日　五十二・鉄雄同道帰省、八月廿五日両人共出立、東都帰校

廿四日　四拾九日逮夜ニ付、妙慶寺和尚并親戚姉弟等来拝

廿六日　五拾日、満日廿七日除服、忌明ニ付示後日々返礼回勤

八月三十一日　脩時兄弟同道富山へ出立　守時九月廿六日帰省

九月二日　照子軽疫症、田中兵吾治療、信吾も時々来診月末追々快復

八　日　高岡逸見又一高原屋文九郎事方舟在徳病死の旨報知

十二日　夕成瀬正居招かる、東方芝山来話ニ付

十三日　満千堂様百ケ日逮夜、姉弟初親戚等来話

十五日　守時富山へ帰校、十二月廿三日帰省

十月七日　東本願寺新門主当所へ到着

十六日　金女老姉・九六夫婦・守直同家内光仲・田丸老母同道深谷入湯

閏年

十九日　林直東京より十八日帰家、当五日東京出立、東海道通り
廿七日　妙慶寺へ石心入院ニ付、祝義為弐拾銭持参(317)
十一月七日　午後高林三人・狩谷芳斉・辻曄山・紀堂・姉弟来会
七月七日より毎月当日を以て旧知等書画会、示後年々連綿
同日武部幸之助祖母病死の旨報知、金女母儀の姉也
八　日　詩会、安井青軒・岡嶋東山・豊嶋洞斉・永山充軒・畑春斉・山本咸斉来吟、奥村
漪斉不参
十七日　林直富山へ行
林繁十九日七尾へ出立林直廿二日帰家石油製造方
廿七日　守直七尾へ出立、同所小学校教師、十二月廿六日帰家
十二月七日　林周房藤左衛門事夫婦東京へ出立
十一日　林徳孝末女繁子、赤村雲平せかれへ嫁娶ニ付、自分夫婦招飲
三十一日　守直・守時等来祝　歳末

明治九年丙子一月一日

旭旗閃々、椒《しょう》酒祝元正不似去年新正暗涙霑夏袖、謁尾山神社拝趨、御用弁方、妙慶寺、八幡宮

(317)妙慶寺十八世住職

嘉女安産

照仲入学
※浅汀学校
※東末寺失火

帯刀禁止

参拝、親戚知音へ賀年

二　日　林省三妻男子出産

九　日　守直七尾へ帰校

廿一日　守時富山へ出立、林直同道

十八日　三田村温宗半助改新七家従命らる、二月五日温宗東京へ出立、東海道通り也、見送

為早朝宅迄行

二月七日　守直帰省、十二日七尾へ帰校

十四日　今晩嘉女平産、母子出生

三月三日　伍堂晋斉方吟会、永山亥軒・豊嶋洞斉・山本咸斉也

七　日　守時帰省、林直二月廿一日帰省、三月十二日守時夫婦同伴富山へ出立

九　日　照仲今日より馬場浅汀学校(318)へ入学

十三日　午前五時東末寺失火、本堂迄焼失類焼なし

十四日　きそ女昨日守時妻引越の義ニ付、かねへ対し失言等云々之有、今日自分として退

身の義申出候ニ付、先長拝為二番丁へ遺し候、右ニ付弘女毎々来談、取扱の事、五月十

一日帰家の事

廿八日　林繁夫婦七尾へ出立、石油製造方

四月二日　照子強風、熱度百五十度至、稲坂治療、九日追々快気

四　日　帯刀禁止の令あり

※新川県廃止

※久保市神社新町へ

敏女出産男子

十三日　守直　兼女同伴七尾へ発足
十九日　小松湯浅松淩来話
廿四日　新川県廃止、石川県へ合併
廿五日　守脩当県庁へ照会為出県、夜入到着
廿七日　又富山へ出立
富山旧藩御近習頭佐々左盛高柯(319)、大沢某来話小酌
五月一日　乙剱宮久保市新町社地へ正遷宮、家君一周祭、追悼会の義高林沢堂、咸斉・蕙洲・紀堂・精斉・龍崕山田良助・松逸・希望・水上喜・清江上田・晴池中屋等催主ニて、四月廿二日初会集議、五月二日再会議、窪田碧窓も催主ニ加入
八　日　守脩改て石川県裁判所判事補拝命、富山詰
九　日　午後六時武、敏女男子出生
石黒三八夫婦来談、毎々往復等の趣之有、以来曽女今日帰家、五月十一日也
十五日　守脩富山より帰家
同日林省三弐番目娘、本吉竹内伝三郎せかれ与六郎へ嫁ス
廿一日　吉川卓生羽州土ノ山藩士新川県勤の所此度当県十五等刑事再任今日より寄宿
廿七日　守直豊女同道帰家、追悼会主事妙慶寺へ会ス再度なり

(318)東馬場にあった女子校　明治九年十二月東馬場学校と合併
(319)二百三十石、弓術家業御使役、御近習頭参政、三十七歳

廿八日　妙慶寺ニて先君子追悼詩歌書画奏楽会、催主主事外来客百有余□展観等数百葉供せられ、酒餞家内一統参会、午後五時各退散

三十日　催主高林夫婦・碧窓・精斉・蕙洲・咸斉・紀堂・源堂・松逸・林徳孝同直右会跡調理ニ来ル、酒飯供

六月六日　妙慶寺ニて茶湯、親戚参詣、一同忌

七　日　内仏ニて茶湯、親戚知音等数十人来話

八　日　守直七尾へ出立、十二月廿九日夫婦豊子同道帰家

十六日　林徳孝誘ニ付、妻同伴深谷入湯、廿二日上湯、二人同帰家

七月十四日　金女・彦太郎同伴墓参、野田御廟所へも巡拝金女ハ妙慶寺迄

十八日　土田鉄雄東京より帰省、五十二同道、八月一日也守直七尾より帰家

八月二日　林三郎斉君七回忌、金女・守脩・守彦拝参ニ行、茶湯也但内仏

八　日　昨夜来大雨、浅野川出水、流失家、溺死数多之有

十八日　守直七尾へ出立、廿一日御部屋、豊子両人七尾へ出立

廿　日　小松鈴木平五郎湖石来訪、酒飯出ス

三十一日　五十二東京へ帰校、出立

九月三日　富山より半井尚依(320)新五郎事・渋谷(321)孝常来訪半井ハ稠松様御抱守也

六　日　江守端山新八郎事自殺相果候旨報知

七　日　守脩(322)富山詰出立、本年帰省不

十二日　本阿弥長識相州吉広短刀持参の事
十三日　守時夫婦富山より帰家
十五日　老僕仁右衛門病死
廿一日　下婢はつ今夕福光屋作蔵へ嫁し引移る
十月四日　本阿弥初第兼光刀広岡村五講屋所持払物持参、五両ニ買上
十二日　半助東京より帰家、先達以来脚気相滞、此頃快気也
十一月三日　東京五十二より兼て御頼置候巌谷額面梅山書の分庭の四季　到来
十五日　武彦三四番丁より転宅、成瀬町へ移住
廿三日　林直婚礼、長谷川忠平ニ女也、祝宴ニ行
廿八日　沢村(323)恒右衛門方へ行、□懇親会也小幡和平・水上(324)㐂八郎・石黒魚渕・岡嶋㐂太郎・日下部仙之助・自分今日より加入
十二月一日　守時・林直同道富山へ行、廿日守時帰家

(320)富山藩　二百石　明治二年三十四歳
(321)弥三(二)郎　明治二年銀十五枚・十二両、新調組兵学差引役、一等士族無役、二十七歳
(322)加賀藩の鑑刀家本阿弥三郎兵衛の分派、京に住んだ光甫の五男光山が別家して江戸に住み、加賀本阿弥と称された、光山から五代目、百五十石
(323)武成《しげ》・恒三　二百石　御膳奉行、御作事奉行、文久三年福井へ御内用使、元治元年、二年上京御供、壮猶館御用、産物詳議方主付、大属議衆、家令、家扶、明治三年五十四歳
(324)儀一《のりかつ》　二百石　御作事奉行、越中愛本橋懸替御用、元治元年江戸御供、越後出陣、二等上士、家従、近侍長、明治三年四十六歳

守彦加藤入門
※越中百姓暴動
西郷等熊本へ乱入
林直出張
石黒弘女出産
山代入湯

奥村竹磨歿

十八日　鈴木立白[325]初称次郎母病死の旨報知
黒川平大夫病死の訃至ル
廿日頃か高林景寛長町二番丁より石坂へ転宅
廿七日　赤井伝右衛門方へ行水上㐂八郎・明石源太郎[326]・前田仙太郎[327]・自分共四人清宴、尋旧盟也
三十一日　無記事一酌守歳

明治十年丁丑一月一日

祝新正、守脩同道御用弁方尾山八幡宮へ拝礼
二月十日　守彦今日より加藤久也へ入門
七　日　越中新川百姓暴動、熊野九郎・大橋・石川遁帰ると風評
廿一日　鹿児島暴徒西郷隆盛[328]・桐野[329]等兵器携熊本へ乱入
三月一日　林直西郷等征討ニ付、尾張名古屋迄出張、今朝首途
十一日　石黒三八妻弘女出産〇三月十八日出立、山代入湯
廿五日　田中信吾富山より帰省の旨ニて来訪、習字会定日、水上梅渓・前田文江・仙太郎事・杏凡山[330]来会敏次郎事
廿八日　富山藩士守脩寓居主人山川君賀来訪
三十日　奥村竹磨栄通元従五位下伊予守事病死訃至
四月十三日　桜花絢爛、春如海瓢吟遊人似狂

阿岸墓改葬

十六日　与水上梅渓・前田文江・寺嶋・菜圃大崎村遊、桃花賞
十九日　真成[331]境内、阿岸[332]家墓碑取払、妙慶寺境内墓地へ改葬ニ付、徳蔵・仁右衛門召連行、
　真成寺墓地此度郡地ニ付残不取払ニなる
廿九日　畑春斉病死報知
五月二日　富山の画家　石川美山来、梅野五平同道なり
六　日　岡田淡堂を訪ふ、高弟藤七郎四月十四日薩州従軍、川尻戦争の節討死の□至と

---

(325)珍《めづる》　十人扶持、先祖より医家、京都で医学を学ぶ、元治元年敦賀で浪士の療養御用、正三位様御用御薬調合相見御用、明倫堂医学講師、慶応三年京都御守衛、越後役出陣、三等上士、函館で医道御用、明治三年三十七歳
(326)季賢《すえかた》　二百五十石　割場内旧記調理方、定検地奉行、庄川・常願寺川出水の折手当方賞さる、能登一の宮在番、元治元年・慶応二年京詰、経武館・明倫堂督守、明治元年・二年上京御供、二等上士、明治三年四十八歳
(327)六百石　小左衛門長男、明治三年四十二歳
(328)薩摩藩下級武士出身、貧しい家計を助るため十八歳で郡方書役助手として働く。貧苦を体験し陽明学・禅を学ぶ。安政元年藩主に供し江戸で庭方役を勤め、藤田東湖・橋本左内等と交る。慶喜将軍擁立に奔走し失敗、反対派弾圧、安政大獄、藩主の死に意力を失い投身自殺に失敗し流刑、島津久光にうとまれ又流刑、元治の変や長州討伐に活躍。薩長同盟を結び江戸城無血入城に成功、鹿児島藩大参事、陸軍大将、征韓論に敗れ帰国、私学校創設、西南役に敗れ城山で自刃、五十一歳
(329)薩摩藩旧武士、元治の変で西郷に認められる、鳥羽伏見の役で活躍、越後会津戦で若松城請取、親兵の大隊長、陸軍少将、征韓論に敗れ西郷と共に帰国、私学校幹部、西南役に総指揮長として戦い敗れ戦死、四十歳
(330)立《たつる》　百石　本国肥前、越中富山生、富山藩士、先祖は延宝八年（一六八〇）医師として召出、次代も医師・次代からは儒者として召出、広徳館勤、文学心懸出精で召出、慶応三年（一八六七）加賀藩に召出され長崎より西国筋御内用勤、明治二年二等教師、御家禄編輯方頭、家令支配、明治三年（一八七〇）五十二歳
(331)金沢上小川町現東山二丁目妙運山、日蓮宗
(332)加賀藩老臣長家五家の一家、同家の医浦野孫右衛門事件で寛文七年（一六六七）断絶

※河北潟舟遊び

云、同氏の豪勇奮戦目驚と云

廿八日 窪田碧斉・高畠紀堂同行大野中屋へ遊、午後舟行大河端へ上陸、踏月帰

廿九日 中屋来訪

六月四日 守脩帰省

守直帰家・来宿、守直八日出立七尾へ帰寓

六　日 家君三回忌逮夜、高林三人景寛桜□静香也

米積父子・泉玄・上田清江・林繁・林徳姉弟・九六・三田村半助・作幸・守時・橘又・

林省奥・大工与四兵衛・田丸老母・徳蔵・和尚壱人来、武信義モ来話

十四日 守脩富山へ出立、十二月三十日帰省

廿　日 高畠・米積俵蔵事・当時三浦俵蔵と称 卒中風ニて病死の旨報知

七月七日 林繁・井上塘左仲事・長崎昼家・立石石翁同道来ル、林直当七日大坂首途、日向・

延岡へ出陣の旨報知之有、林徳話

十七日 梅井文平病死の訃至、五十余年の旧知、嗚呼

八月二日 五十二東京より帰省、廿九日上途東京へ帰校

九　日 守時妻女子出産

同日より大工等来ル、流し前取すへ、井戸も堀立候ニ付、台洲囲ひ直し、流し付かへ

等、大工等五六日来ル

十九日 田丸栄太郎老母病死報知

※皇子御降誕

林直凱旋

廿四日　千尋翁五年祭きそ彦太郎行

九月廿一日　福光作蔵妻はつ男子出産、名小作

廿二日　旧暦中秋也、清風明月無繊翳、近年此無清光、富山半井新九郎来訪、廿七日大聖寺上坂平治来話、前田兵太郎東京より帰家来訪

当廿四日鹿児島首謀西郷隆盛・桐野利秋・村田等伏誅の旨、西辺鎮定

廿三日　皇子御降誕

十月廿三日　林直薩州より凱旋、此頃遊行上人大教□□来歴□所止宿、群参のよし

十一月十七日　久江前田仙太郎病死の旨報知

十二月一日　林徳孝隠居願御聞届ニ付、開莚招飲、且直凱旋祝

八　日　上坂平治来話

二十九日　守直七尾より来宿

三十日　守洲帰省

三十一日　一家団欒、小飲守歳

明治十一年戊寅一月一日

和風騒々、一家斉環坐祝　元正

三　日　御用弁方へ年頭(333)御祝詞、尾山神社参拝

七　日　画会、林繁・庄田誠摩同道来、井上柳塘・上田漸斉・清右衛門別号也・辻精斉・立

※観音院山壊
嘉女出産名余所三郎
※山川忠賀
姉君東行出立
蜜蜂来
嶋田等大久保参議斬殺

石石翁来会、酒飲を供す、夜ニ入て退散

八　日　守脩富山へ帰庁発足、同日守直七尾へ帰校上途

廿六日　大雨、天神橋高、観音院山崕壊崩、河岸の青木某家屋潰れ、女子壱人圧死

二月廿日　嘉女男子出産、五月四日小児病死

今年花候遅、三月上旬梅花漸開

四月六日　寺嶋母子京摂遊覧出立、自分夫婦同伴の儀来話ニ候へ共、何分指懸り手廻し出来兼謝絶、遺憾々々、五月三日母子共帰家

十三日　富山山川忠賀夫婦同行、西京等遊歴の旨ニて来訪

十六日　守直出県来宿、桜花漸老、桃李爛熳、廿一日守直帰校

十八日　武信義(334)上坂発足

廿二日　古道年回ニ付、自分夫婦同伴吊

老姉君東行治定ニ付別莚(宴)設、守直陪宴

廿三日　雨、老姉君東京、五十二より枉(まげ)て歎願ニ付今朝発足、野口徳蔵随行、自分夫婦等一家残不町端迄送別、東海道通行

廿九日　武信義坂府より帰家

五月九日　蜜蜂一箱石黒三八より恵与

十四日　東京於嶋田一郎(335)・長連豪(336)元長九郎左衛門家来此木小次郎事等六人結党、参議内務卿大久(337)保通利公元大久保一蔵事を途中ニおいて暴殺六人共自首す

梅臾様山中湯治

廿　日　宗叔町割烹店柳□・三浦俵蔵・米積追善会出莚（宴）
廿二日　野口徳蔵今日東京より帰家、老姉君道中無異到着の旨
廿三日　岡嶋十兵衛東山今年七十余歳病死の旨報知
今日彦三七番丁守直家屋・屋敷地とも同町板屋某へ売払、引渡候事
五六日自分夫婦家の為ニ昼夜詰居候事
廿六日　正三位梅臾様(338)并御裏方(339)賀古氏御同行御入湯として当地へ御出ニ付、水上・石黒・寺嶋・藤野・真田等同伴、松任迄御迎ニ出ル、夕五時本多資松宅御旅館ニ御借上御着
廿七日　御機嫌伺ニ出る
六月八日　梅臾様へ拝謁、彦太郎同断、御赤飯等拝賜、今日守脩梅臾様御機嫌相伺出県、夕到

(333)錫・孝親《ちか》　千六百石　文久三年（一八六三）誠摩孝廉の婿養子、能宗黒島在番、町請取火消、一等上士、隊士伍長、第一大隊押伍、明治三年二十四歳
(334)三百石　成瀬家臣、与力、石川・河北御門番、小銃隊士、教師、伍長、押伍、明治三年二十四歳
(335)朝勇《ともいさみ》　三十俵　割場付足軽、新流施術を学び壮猶館稽古方世話役、元治元年広島出張、慶応三年京都御守衛、明治元年越後出陣、同二年品川等警護、小銃六等教師加り、第三大隊押伍、明治三年二十三歳
(336)小次郎　四十石　長大隅家臣、明治二年此木家から分家長姓となる。本家は長九郎、明治五年十八歳
(337)小姓組の生れ、西郷隆盛と同じ郷中で幼少より親密、十七歳で記録所書役助として出仕、西郷と改革派の中心、安政三年（一八五六）四十余人と脱藩を企て藩主の諭により中止、島津久光を擁し公武合体を推進、慶応二年（一八六六）薩長連合締結、岩倉具視と結び討幕運動の中心となる。同三年参与、明治二年参議、明治大改革に成功、大蔵卿、同四年欧米諸国巡視、征韓に反し西郷と決裂、佐賀の乱、西南役の処置に挺身、暗殺、四十九歳
(338)富山藩十三第藩主利同《あつ》　幼名稠《しげ》松、加賀藩十三代斉泰の十一男、大正十年（一九二一）六十六歳亡
(339)利同夫人

伴家作買受

武義吉死

伴家作へ引移

着、十六日発足、富山へ帰庁

十三日 富山富田讃岐[340]来訪

十七日 前田則邦来訪、父子同道

廿六日 元人持組申合、博物館ニて能興行、梅典様御覧入候事

廿七日 守直御機嫌伺為出県来泊、七月三日守直七尾へ帰校

三十日 元組頭等申合、能興行博物館ニて御覧入候旨

七月一日 梅典様山代御入湯、今朝御発車、九日御帰寓

四　日 伴八矢[341]家屋買受、去月三十日約定、今日手付金候事

十　日 伴家屋敷買受納得ニ付、唯次郎代理として区会所へ出頭

十四日 武義吉馬飛風《ジフタリヤ》ニ付、病院へ入、十七日午前十時病死

当八日、五十二大学校ニて卒業式相済候旨報知、九六来告

十九日 土田鉄雄東京より帰省到着

廿二日 伴家作請取、鉄雄七尾へ行

八月六日 帰県来寓

七　日 守直夫婦七尾より出県来寓、御部屋大病臥褥

廿六日 鉄雄東京へ帰校出立

十　日 梅典様高岡御出、今朝御発車、直様能州御遊歴、同月廿四日、本多御旅館へ御帰寓

林省三備中町辻轟馬□屋敷買請の旨来語九月七日家内引移り

※近衛兵暴動

廿四日　今晩東京ニて近衛□兵号砲ヲ発し、暴動の躰ニ付、近衛歩兵取押、捕縛等ニて早速鎮圧の旨電報

九月一日　守脩帰省、夜九時到着、十七日田中信吾同道富山へ出立

十　日　妙慶寺ニて茶湯、先家君三回忌、恵林様十三回忌也

十三日　過日転宅ニ付親戚打寄森乙作陪莚

十五日　桜井直養《のぶ》(342)判事片原六番地家作貸渡、今日引移り

廿五日　今朝六時守直妻病死表向ハ妾の届、内輪ニて上分昌柳寺(343)へ埋葬

廿八日　恵林様十三回忌正当ニ付、内仏ニて茶湯

十月一日　上田永貞清右衛門事嫡子・次男同道　近々東京へ発足の旨来報、十一月の末帰家

北陸道御巡幸

二　日　今上帝北国筋御巡幸、今午後三時御着輦、行在所中屋彦十郎方

三　日　師範学校・県庁・裁判所・小立野練兵場・病院・博物館等御巡覧

五　日　御発輦、小松御泊り

梅輿様御帰京

十七日　梅輿様御帰京・御発車、下街道通行、三ツ屋迄奉送

(340)直照　三千石　年寄中、御備頭、刑法主事、明治二年三十歳
(341)五千石　慶長四年利長時代藩に仕えた家柄、明治初年八矢方至～八矢方義
(342)金雄・金右衛門　二百石　文久三年東岩瀬詰、慶応元年上京御供、大筒方御歩、洋算学を修む、一等中士、明治十一年四十二歳
(343)金沢野田寺町　徳本山、日蓮宗

弥平同居

病中外出せず

庄助同居

廿二日　石黒栄太郎・林鉄次郎両人東京五十二呼寄ニ付発足

廿八日　守直七尾へ出立

当秋以来腸病ニて腹痛難儀、病院田中等療

十一月十一日　三上弥平同居届、長屋へ入置候事十六日引移候事、腸病ニて腹痛難儀ニ付、稲坂謙吉・田中信吾種々加療候得共、何分快気致し兼候ニ付、漢方進候人々も之有、端[344]丈夫

此頃療治

廿八日　片原の長屋へ庄助同居

十二月十日頃より又稲坂治療

十二月三十日　守脩帰省

三十一日　団坐小酌、守歳

明治十二年乙卯一月乙未

寿觴《しょう》祝新正、腹痛他行不

三　日　寛方・徳孝・温宗・信□・守時五人を招飲

五　日　守脩富山出立、七月十二日帰省

二月六日　春来初て緩歩、成瀬・河内山・林省三・窪田・寺嶋等へ行

十一日・十二日・三日　御用弁方年頭御祝詞、尾山神社参詣等、諸所へ行

十五・六・七日　八幡宮・妙慶寺・類家・　知音等へ年賀返礼等ニ行

利嗣様御婚礼
中村規三郎妻出産
※高岡大火
※山代湯本堀栄
萩原移住
河内山卯三郎出生

十九日　東京於従四位様今日御婚礼の由、柏野村清八次男伊三郎近衛兵入隊ニ付、東京行の旨来報、三月四日発足

徳孝次女繁子出産、女子也、三十日斗ニて夭す

三月二日　夜高岡大火、三千軒斗焼失

市中過半也即死等数知不

十八日　胃（ママ）病腹痛示々平快致不、去年来稲坂治療、田中へも示談致呉、過分尽力ニ候得共、兎角本改（ママ）致兼、且照子リヤウマチニて去年来平癒致不ニ付、稲坂示談の上自分夫婦・照同伴河辺見水共、同山代湯治、今朝同行四人出立、小松ニて午飯、旧知何方へも立寄不直様山代湯本堀栄旧大正寺藩士ニて湯本豆腐屋跡買受候よし方止宿

廿六日　萩原平次郎当地発足、勤手家属（族）東京移住

十九日　守時妻平産、男子三男なり出生、名卯三郎也

湯治中前田蕃雄《モリヲ》(345)三吉土佐守嫡子之よし・南保平太郎大六せかれ・大野木克征(346)・山田履祥・小松より油屋久左衛門・今坂屋久米次郎・林繁等来訪

廿九日　金女・照子・河辺同道山中見物、途中林繁同道一浴、夕帰ル

(344)晴貫　十人扶持　医師、安政四年明倫堂医学講師、御薬種御手入御用、殿様・奥方・御子様方診察御用、元治元年（一八六四）富山詰、三等上士、明治十一年（一八七八）五十二歳

(345)直信息　一万一千石　学校惣奉行、御勝手方御用、元治元年海津御使、慶応元年（一八六五）京都詰、執政、学政寮・軍政寮知事、大参事、明治二年越中新川郡百姓騒動に出役、明治十二年三十九歳

(346)将人　大野木源蔵克正の兄の息子

※歴代御霊御遷座

老姉君帰家

※石黒五十二洋行

三十一日　守直七尾より豊女同道出県、入湯の由承知、直様守直独行山代へ来訪、四月一日午後山中へ独行来泊、二日朝帰沢

四月五日　自分・金女・照子同道大聖寺一覧、上坂平治訪寓居て小話、酒飯供らる、今日柏野村清八迎旁来宿

七　日　上湯、微雨天気、湯本上途、清八随従四人同伴、小松午飯、油屋ニて小憩、松任・藤江ニて一酌、腹痛強、夜八時帰家、入湯中始終腹痛止不帰家後唯佑然たる病、老而已幡可

十四日　林□一郎・本吉竹内同道坂府より乗船、北海道小樽等商況見込旁遊歴の旨来報、今日頃発足の旨、七月廿一日帰家

十五日　上田永貞近々北海道へ遊歴出立の旨来報、四月二十五日発足

十九日　午後一時、長屋同居庄助病死

五月九日　蜜蜂巣分れ

十六日　旧藩公御歴代御神位、今日尾山神社境内へ御遷坐

十八日　恭敏公五年祭尾山神社ニて神事六年目ニて満五年也執行

今日高井酋胤吉太郎但馬事酋継嫡子也肋膜憿症ニて病死の旨報知

六月五日　老姉君東京より帰家、幾曽等迎ニ行、五十二洋行命られ、五月出帆ニ付て也、石黒栄太郎・林鉄次郎同道なり

六　日　南保帚之助隠居後名之翁夫婦来過

※コレラ流行

柏野村八重急死

十二日　小沢和三郎元自分若党也大坂営所ニて病死也
廿四日　本阿弥長識今日東京へ出立の旨、過日来報
廿五日　佐々木泉玄守公病死、数司の重病なり、行年七十三歳
廿八日　岡野政以判次郎事号恵洲、病死
七月七日　林直妻出産、男子名一也
此頃虎狼痢《コロリ》流行ニ付、学校等休止、芝居等群衆人寄を禁ス、七月十日より
十二日　守脩帰省
廿七日　森下村地所同所弥三兵衛へ売払
三十一日　脩末女八重、柏野村甚右衛門養女ニ遣置候処、コレラニて今夕病死の旨八月一日報知、法名釈尼妙旋
八月これら病大流行、月初患者死亡共百余人ニ至ル、尤市中斗也
六　日　守脩富山へ帰庁
十一日　林昭正林藤左衛門長男徳太郎事参謀部御用ニ付、当所へ罷越候旨ニて来訪、二番丁石黒へ寄宿、五・六滞留、出立
十八日　林直妻・長谷川氏縫子産後肥立不病死長谷川忠平女行年十六歳
廿三日　石黒[347]九六脚気狭心ニて今午前病死、五十歳

(347)石黒嘉左衛門千尋の長男右門、弟は五十二

彦太郎改名

※今様能見物

当十二日夜十二時、小立野下石引町五・六軒焼失

廿七日　彦太郎改名、并年齢届等今日御聞届、願書候趣ハ文久元年十二月廿六日出生の義ニ先年御届置の義、守脩留守中代理よりの御届方間違ニて、且改名守彦と改ムの義も同断、届洩の事ニ願出候処、戸籍上等相改候由、依て当年旧暦ニて十八歳也、新暦ニて当月ハ十六年九ケ月也

三十日　鉄雄帰省来宿過日来七尾へ、直様帰省九月一日出立、上街道神戸へ行、帰校

九月十一日　林徳孝徳之助又一事今晩一時二十分病死、行年五十五歳

十三日　守脩帰省、十八日又富山へ発足

十六日　北村沢堂卯三郎事病死

十八日　守直七尾より来泊、廿八日七尾へ帰寓、出立

廿四日　(348)堀田夕桜貢事病死の旨報知

廿五日　守時富山へ行、十月二日帰ル

廿九日　金光仲三人同伴(349)今様能見物ニ行

十月十二日　大聖寺上坂平治来訪、緩話小酌

廿　日　今日唯次郎初て銃猟ニ出ル、過日願済鑑札受候よし

三十一日　能州穴水より出沢の旨ニて長六郎来訪、小酌
今日より按服相始ニ付、佐伯柳栄来ル、当春来稲坂療治ニて今干連続来診

十一月十一日　二番丁へ今日金子某陸軍大尉か同居、田中信吾東京へ行

十一日夜林省三方ニて竹内与六郎妻おきよ省三娘男子出産

十七日　七尾より勝尾他一郎出沢の旨ニて来訪、守直伝言等之有

廿三日　安江八幡宮社ニて千尋翁追薦歌会ありたるよし

十二月三日　午前十一時敏女平産、女子出生名鈩《キヨ》、九日夭暁二時信義長女

七　日　兼六園於佐々木泉玄追薦大会、腹痛以莚出不、書画詩歌能奨棋茶奏楽集会者千有余人、高林景寛夫婦も立席の由

十七日　今日より長田謙次へ療治依頼致候事、初て来診
今日長屋借荒井卯吉立退為候事

三十日　守脩帰省

三十一日　無事、家平安送歳

明治十三年庚辰一月一日

一家小酌新正迎

六　日　河内山父子・林繁・林直招飲、北村充吉陪宴、予腹痛病臥、長田謙次来診、八月一周間灌腸、長田弟子狩野房吉来ル

---

(348)之次《ゆきつぐ》　二百石　明治三年（一八七〇）六十一歳

(349)江戸末期から大正中期まで行われた能狂言で、男女共演の能を三味線を用いた舞踊を合わせた演劇、明治中期が最盛期だった。

※精米器械で営業計画

※西新地火事

八　日　守脩富山へ発足
十五日　守時・守彦・石黒栄太郎同道鶴来村銃猟、十六日獲物の雄雉壱羽送り越ス、十八日三人共帰家、雉子七羽外小鳥等獲物之有由
十六日　小坂他丑妻おたつ改てい男子出産
十八日　前田則邦富山より出沢の旨ニて来訪
二月十三日　精米器械ニて営業目論、示談ニ付上田永貞・半助・林直・小西伊太郎・守時打寄、東京上(350)田錦太郎へ托嘱、工作局出願手続ニ致候事、結社十一人上田永貞・寺嶋錬太郎・林直・林繁・守脩・守時・温宗・野崎清次・森乙作・宮岸孫三・小西伊太郎以上十一名也、示後毎々打寄候事
三月九日　新年来初て御用方弁方へ御機嫌伺ニ出ル、龍渕・河波有道来話
四月一日　精米営業ニ付多田源兵水車借用の約束治定
六　日　七尾より杉(351)村精一来訪
八日・九日頃桜花満開
十四日　午後七時過西新地弐百戸斗焼失、此頃腹痛益甚
十八日　関勝芳兵次郎事宅失火、類焼なし、但今暁一時頃也
十九日　温晴、老妻・照仲同道向山拾翠逍遥、帰途腹痛難儀
廿二日　富山前田則邦来訪、河北郡谷村老婆灸治の為来泊
廿四日　今日より按腹、奥村某来ル、野崎口添也、奥村三作と云

腸(ママ)病腹病快復

正三位様従二位御昇進

精米器械東京ヨリ到着

五月五日　守直七尾より来泊
六　日　武信吉着袴ニ付行、盛宴人来多し、金同道帰ル
九　日　長田治療ニて今日より牛乳・鶏卵・鶏ソップの外絶食の療法ニて、尤服薬ハ折角相用
十二日　はつ来、茶摘初摘也
十五日　右療法ニて昨年来快気覚不、聊も指痛の気味なし、廿日頃より休薬、少々宛粥ニて猶漬物・野菜を禁す、尤酒・茶ハ厳禁す
十八日　正三位様梅與様今日従二位御昇進の旨、廿七日恐悦ニ出ル
六月二日　北方仁右衛門片原邸長屋へ同居
五　日　精米器械二基共異議無陸運会社へ到着候事
六　日　自分本復ニ付、老姉・唯次郎打寄赤飯ニて小酌
九　日　林繁堅町油車へ転宅引移り、四・五日前也ニ付、鳥渡立寄
七月四日　同居人桜井直養妻今日病院ニて病死
十四日　座事多忙、例歳如
十五日　金女同道墓参、妙慶寺

(350)上田清右衛門の長男
(351)精一郎・与之《ともゆき》　百十石　斉泰御内室付席執筆役、土清水鉄砲薬合奉行、製薬奉行、表納戸奉行、三等上士、少属、能州郡治掛、民政掛

守彦白山登嶽

精米器械当分廃止

廿五日　土田鉄雄帰省、廿二日野町伴へ到着候ニて今日来泊、廿七日出立、七尾へ行、八月廿日七尾より帰泊、同廿六日出立、東京帰校

八月五日　林直今日勧業御用掛准判任拝命月給九円来報

七　日　半田幸[352]同道本阿弥へ行、鶴見某所持の正宗一覧す

八　日　守彦菊地某同道白嶽登臨として出立、十一日帰家、登嶽中大雨ニて不弁、咫尺と云、遺憾々々三泊ハ尾添・一ノ瀬・上吉野也

九　日　不破多蔵[353]宅ニて多羅尾某を殺害して自害ス、金談一條の由

十　日　小松湯浅松凌又太郎事来訪、山本咸斉男為次郎病死、九日也

十五日　藤江[354]牛右衛門病死

廿三日　九六一周祭ニ付行

廿四日　午後七時守脩帰省、九月十五日出立、富山へ帰庁

九月十八日　精米器械据付後種々試験の所、水力弱く五斗ニてハ麿上り兼、毎々伴田吉之助工夫ニて、羽車調子車懸方の工夫ニて、今日初て一臼五斗入四十分時間ニて上白米ニ磨り上り、一統雀躍、俄ニ一酌相催し、聊表喜、然処廿日大真棒破□、一統落胆致し候は、多田源兵突然破約申出し、幾重説諭致し候ても是非諾絶の旨ニ付、示談の上償金取立当分廃止、遺憾無限

廿六日　金女・照仲・成瀬とし子同伴若松山へ茸狩、雨逢帰

廿七日　梅臾様古稀慶賀の神事、尾山神社於大開、寿莚(宴)、古稀以上の翁媼招請、詩歌将棋

※裁判所新築出来

※高岡造日本武尊銅像到着

三田村温宗歿

書画奏楽囃子等の席を設く、会者七百余名とか云ふにも陪莚(宴)、酒肴茶を供らる

十月九日 金・照・仲同道若松山へ茸狩、夕四時帰家

十四日 守時富山へ銃猟ニ行、今夕桜井諸生五・六名推参、激論の由

十六日 裁判所新築出来ニ付縦覧、成瀬同道一覧

廿一日 金女・照・仲・成瀬敏子并はつ小作同道神谷内山茸狩、守時富山より帰家、守時獲物雁配分、富山ニての分も送り越候事、各賞翫

廿三日 高岡ニて鋳造の日本武尊像、兼六園へ到着

廿六日 二番丁持地買入之有弥治定、今日手付金受取の旨

廿七日 小松油屋久左衛門・今坂屋甚作来訪、両人とも松茸等持参、今晩守直七尾より来泊、十一月四日小坂へ行、六日出立七尾へ帰寓

三十一日 桜井直養兼六園記念祭ニ付、参会仲卒中風ニて俄ニ煩ヒ出し帰家、翌十一月一日午前七時病死

十一月八日 夜十時温宗病死の旨報知、行年五十三歳

先達てより三田村温宗心経痛ニて追々重症ニ相成、此頃時々指引之有

(352)幸蔵・親郷《ちかさと》 百五十石 明倫堂読句、訓蒙加人、御書物奉行、書写奉行、南御土蔵奉行、三等上士、権少属分課、明治十三年四十六歳

(353)太三・之次《つぐ》 百五十石 銃隊御馬廻御使役、二等上士、明治十三年六十六歳

(354)牛太・勝実《みつ》・一以《かつもつ》 百五十石 慶寧付大小将、多慶若様御抱守、おかね奉行、小払奉行、三等上士、斉泰・慶寧御住居冥加番取持役、明治十三年六十九歳

上田可貞歿

※大雪

※金沢城火災

※福井県出来

当辰七月十八日　工部省小書記官上田可貞作之丞事病死

十　日　桜井葬礼、十一日嫡子小次郎同人妹同道出立帰国、長州也

十七日　高井酉継母十年祭ニ付参拝話亦着

廿二日　九六妻更ニ五十二養女ニ致し、士族八十嶋繁へ今日再嫁引移、十二月六日里披ニ付饗応方等ニ行、石黒三八、秋省三妻等同断

十二月十一日　従四位利嗣公令妹慰君[355]三品有栖川威仁親王[356]と御縁組、今日御入輿成られ候旨

三十日　守脩帰省、三十一日冬来初て妍《けん》晴

明治十四年辛巳一月一日乙未

霄《はれ》寒厳、夕雨、一家団欒賀新年　乙未寿賜

五　日　鏡餅直し、両児両女列宴

七　日　林松辺・上田瀬斉来画

八　日　守脩富山へ出立、八日後日々風雪寒厳、雪御両三度ニ及ふ、月末ニ至り所々大雪ニて市中潰れ家多し

十　日　今僥営所焼失、金城無跡、嗚呼

二　月　石川県を割て福井県を置

廿五日　杉本文太郎習字入門、成瀬正居元家来吉村政行号菊渓　詩作ノ評を乞フ辞ス

三月四日　俏喜千殿御分家華族拝命、従五位ニ叙せられ利武と御改名

※青草市場火事

武家属大坂移住

年回

十五日　午前四時頃栄町青草市場三軒斗焼失

三十日　守直七尾より来泊、四月五日帰校

五　日　高崎竹画病死十左衛門事

四月七日　林直東京へ出立、同日狩谷芳斉・瀬斉・松辺来画

十三日　水島・粟津屋平右衛門蕪村画馬一幅持参　絶妙

廿四日　桜花満開、兼六園逍遥

三十日　武信義大坂より帰着

五月八日　八会宿、赤井伝右衛門・沢村恒右衛門・小幡和平・岡嶋喜太郎・水上喜八郎・石黒直渕・日下部周七人同社皆来話、愉快

十六日　かね・光・仲・はつ小作同道鈴見山へ蕨折遊山

廿二日　林直東京より帰家

十九日　林保病死保大丈事、助太夫長男三十余年の長病

廿五日　片原町家作河北郡深谷湯本、今江村森儀右衛門へ示談、売払方治定、廿六日手附金五拾円受取、代価五百拾円の内弐拾円仲裁人口銭引、残四百九拾円手取也

廿八日　午前五時過武信義家属(族)一同大坂移住ニ付出立、廿三日信義等餞別為来飲の事

六月四日　守脩帰省、年回相当ニ付都合ニ寄操上、五日妙慶寺於阿月貞円大姉百五十回、凉月院

(355)加賀藩十四代慶寧の四女　元治元年（一八六四）金沢生、英・仏語に堪能、大正十二年（一九二三）六十歳亡

(356)有栖川宮熾《たか》仁親王第四皇子、西南役・日清・日露戦争に従軍、海軍大将、大正三年（一八一四）五十二歳亡

※寺島応妾死

河内山出産

殿五十回、満千堂君七回忌茶湯執行、此日、午時守時七尾より到着、同七日内仏於茶湯、和尚・小僧・河内山寛方・林直母子・嘉女・作太郎・幸次郎・増女・唯次郎・橘太郎・又次郎・守直・徳蔵初乳母曁長屋の人々残不、林繁・今井玄真等同伴、三管ニて合奏

八　日　紀念祭ニ付守直同伴兼六園逍遥

十一日　入梅、林徳孝一周忌ニ付、兼・守脩・守彦参拝、自分腹痛ニ付不参

十二日　守直七尾へ帰校、守脩富山へ帰庁、同道出途

十四日　かね鶏雛七羽持参、同日尾山神社ニて竹内道順琵琶聴聞

廿　日　富山前田則邦春江事来訪

三十日　従二位様七十三の御賀去年なり
御祝の御盃拝受守彦代理

七月四日　寺嶋錬太郎母応[357]妾病死

十　日　前林繁油車へ転宅
山本咸斉妻病死

十八日　夜河内山女子出生

廿二日　小松鈴木平五郎来訪

廿五日　草苅左武郎来訪

八月八日　武信義帰郷来訪、六日着
上田永貞先達て小松郡役所へ雇ニ行、此頃帰郷春中休暇の旨ニて来訪

※北陸鉄道

鉄雄帰郷

鉄道懸り

越前華族方御協同北陸道鉄道架設御発起ニ付、従四位様利嗣公・利同公・利鬯公・従二位様・利武公御初旧領士庶加入人御募集として当地へ御出ニ付、今八月十六日東京御上途、下街道通り御巡廻の由

土田鉄雄当度大学卒業ニ付、前田様より御雇月給四拾五円日当拾五円ニ付、十六日当所へ到着、鉄道工事掛り命らる

廿三日 柏野村伊三郎近衛兵解隊、帰村ニ付来訪

廿九日 守直七尾学校辞職、今日帰郷、三十一日小国貸家へ引移り

九月一日 大暑、今日従四位公御着ニ付、柳橋迄守直同道御出迎ニ出ル

十　日 従四位様へ拝謁、御赤飯・勝尾節三本・御酒頂戴

十二日 守宗帰省、十七日富山へ帰庁

十八日 寺西成器(358)十歳事　家扶免職

十九日 前田三吉元家士野口秀発(359)文太郎事女と、鉄雄縁組申合、今日引移り、同人野口事は守直亡妻伴太三郎女、太三郎妻ハ野口文太郎おはなりいとこなり

(357)寺島蔵人の一人娘、画に秀れ、名は秀《ひで》、七十歳亡、天保八年（一八三七）蔵人が能登島流刑中に生れたのが一人息子の練太郎で、榊原家と非常に親しかった。若林喜三郎監修「島もの語り」「続島もの語り」北国出版社

(358)十三、百七十石、元治元年（一八六四）・慶応元年（一八六五）京都御守衛、御筒製造調理役、同四年御内用上方御使、越後出陣、器械製造方、三等上士、勧農局一等、越中動揺に出役、権少属、租税掛、明治十四年（一八八一）三十七歳

(359)右藤次　百二十石　前田近江守家臣、他国御使数度つとむ、隊士、小銃教師、明治十四年四十四歳

老姉歿

廿一日　社日巡拝絡駅

十月一日　老姉正子君輿(腰)病来訪、此後臥褥遂不起

五　日　横浜等申合、黒鶫(つぐみ)等数種従四位様へ献上

十六日　上田永貞来り男錦太郎東京より帰可処、旅費指支ニ付金子借用方依頼ニ付、同十七日夜五円守彦持参、貸置候事

廿　日　夜俄ニ御家扶五人命られ候由

廿三日　越中等へ御巡廻御発途利鬯様御同伴

藤田吉太郎婚儀ニ付、招不参名画多々贈来ル

三十日　かね刀自　古道林隠居同道深谷入浴、一泊廿一日夕帰ル

十一月七日　三田村一周忌兼守彦行蒸籠代五十銭遣ス

十一日　土谷鉄次郎林省三二男養家へ引移り大鯛弐枚五十銭也

十六日　守宗帰省、廿三日富山へ帰庁、守直七尾へ跡仕末為十日ニ行、廿三日帰家

廿七日　夜老姉指引案内、廿八日未明ニ行、同日午前十時十五分臨終、悲痛嗚呼、三十日午前五時出棺、葬送

当廿日、上田錦太郎東京より小松へ帰家の旨ニて、十二月六日来訪

十二月十日　凉月院様五十回相当ニ付、内仏ニて茶湯、妙慶寺・守直・唯次郎・嘉女等来拝

十七日　老姉廿日祭、五十日祭迄操上済

廿三日　五十二紙面指出英国龍動まて江間謙次診療、石黒三八伝封とも

※長町御邸焼失
本多政以宅御借上

三十一日　積雪尺至、守直・唯次郎来賀、年晩

明治十五年壬午一月一日

団欒祝酒、守直・守時・守彦同道ニて御邸へ御年賀為参出、従四位様へ拝謁、御酒頂戴の由

一月三日　御邸ニて年頭御祝詞申上、拝謁御酒肴頂戴、尾山神社・八幡宮拝参、親類知音へ年賀

十一日　味噌搗

十二日　碧昼窪田左平役報知

十八日　北村充吉初清人王鐸書幅持参趣凡、十八日八会ニ付沢村へ行

廿五日　餅搗

二月一日辛未　正午長町御邸内より発火、御邸残不御焼失、従四位様・利鬯様専光寺へ御立退

二　日　本多政以・資松宅御借上ニて御引移り、右両所へ御機嫌伺ニ出ル

三　日　大正(聖)寺上坂平治来訪

七　日　山田忠篤父子能州宇出津より帰家の旨、太十郎来報

十一日　林直・守直・鉄雄・嘉女・唯次郎招飲、鏡餅直し

十四日　大坂武へ鱈の子十、昆布ニて包ミ箱入送る

十七日　夕土田へ招飲

十八日　武信義帰家

従四位様御発車

※水天宮移ル

林悌次出生

従四位様・利邕様御発駕、彦太郎町端迄御見立、自分疝邪ニて罷出不

藤江屯一家属共廿五日当所へ帰住のよし

廿八日　かね同伴長谷山へ墓参

三月二日　石黒五十二留守家宅残不金子へ預ケニ付、省三、三八等打寄連日雪気、六日積雪

六・七寸ニ至る

廿　日　夜土田へ招飲ニ付行、守脩同道、廿日守脩帰省

四月二日　武信義大坂へ帰家

三　日　守脩富山へ帰庁

八　日　公園賞花、満開爛勝

十一日　寺嶋・守直同伴公園逍遥、桃李開、残桜猶爛々

十五日　水(360)天宮彦三六番丁へ占空地今日遷宮

廿四日　守直新婦誘、兼・光・仲・はつ等同道鈴見山拾翠

廿八日　半田幸病死

五月三日　博覧会見物

八　日　茶初摘

七　日　唯次郎鰐部同道ニて越前鉱山へ行

十六日　林直次男出生・名悌次継室長子

十九日　唯次郎越前より帰家

守直転宅

※波吉

※尾山神社神事能

※利武君英国留学

廿　日　今様能見見物兼・光・仲同伴

廿五日　前田兵太郎宅へ招飲、赤井直喜・水上喜八郎・浅野周左衛門・杏敏次郎、同会厚

供磬歓て帰ル

廿七日　成瀬正居白山神社祢宜拝命の旨、来報

廿九日　守彦硫黄《（医王）》山へ登る

六月四日　小松湯浅丈太郎来訪、和布持参

六　日　守直高岡町へ転宅

六日亡大人御逮夜ニ付、妙慶寺小僧呼読経、守直・唯次郎来

七　日　守直高岡町へ今日引移り

十一日　水上同道能見物(361)波吉道成寺あり

十四日　当年より自今、年々六月十四日・五日両日尾山神社ニおいて神事能興行の由

廿四日　赤井虎三郎同道博物館へ行、臥雲工夫のかな引器械ニて事業見物ニ行

廿七日　武信義大坂より帰家

七月一日　武次郎吉病死頓死なり信義帰家中ニて都合宜

利武君俏喜千殿御事英国留学として去六月十八日御発艦、浅野全権公使御同行の由報知、

新聞ニて承知相違無よし

---

(360)天和二年（一六一六）水天宮を崇敬していた金沢の小島小助は久留米から分霊し、邸内にまつりそれを移した。

(361)金沢の宝生流シテ方の旧家相馬家

腹痛ニ付欠席

※椿原小学校焼失

※新町寄世席

九　日　夜在火両度の内、今暁一時高岡焼失

二十日　岡嶋喜太郎病死の旨報知

廿五日　暑中御機嫌伺として御用弁方へ出頭

廿六日　守直・信義・直・鉄雄・唯次郎五人来飲、鴨振舞

　成瀬正居廿一日白山祭式ニ付登嶽

八月九日　土田錦太郎・(362)本多政由悌三郎事同道来話

十四日　白銀町専光寺横足駄屋・飴屋焼失、横山政和より清客王治本来遊ニ付、今日公園
　ニて詩会ニ付出莚致可旨申来

廿一日　八十嶋繁病死

廿三日　田町(363)椿原小学校今暁焼失

廿五日　三郎斉君十三回忌、茶湯ニ付内仏へ拝参

廿六日　勝尾他一妻・小坂他丑妻同道来ル七尾より此頃出沢ニ付

廿八日　朝お豊小坂家内等同道出立、帰能の旨ニて寄り発足

九月十八日　古道祭礼ニ付かね同伴行

廿二日　守脩帰省

廿四日　(364)新町寄せ席ニて撃剣会、寺嶋・唯次郎・守彦同道見物

廿八日　恵林様十七回忌相当ニ付、内仏茶湯、和尚市布施廿銭守直・嘉女・古道隠居・唯
　次郎・徳蔵・はつ母子・仁右衛門・弥平・越村老婆来

十月四日　自分夫婦・守脩・守時・嘉女、吉田へ撮影ニ行、大坂さと所望ニ付、同夕土田父子・成瀬居光・唯次郎来飲
五　日　守脩鰻振舞甚美
六　日　朝守脩富山へ出立
廿二日　林直東京へ出立
廿七日　母衣町松平家作見ニ行唯次郎同道弐百三拾五円ニ買上約定
同日高林桜顛老母来訪、松平家作三田村作太郎買上なり
十一月二日　朝越中富山近在奥田村赤祖父義卿来訪、酒肴出ス、唯次郎応接
同日松平幹家作地面土蔵共買上、作太郎・唯次郎納得ニ行
四　日　今日より自分三田村母衣町家留守ニ行、夜夫婦泊り、十日嘉等家内一同母衣町へ引移り、隠居当分駒次郎方へ同居十四日自分帰宅
十二日　今朝唯次郎越前鉱山へ発足
廿三日　安宅長崎長兵衛妻来
十二月一日　大根引菜園の分

(362)二百俵　老臣本多政均三男、明治十五年（一八八二）十六歳
(363)元は金沢柿木町にあった、明治二十年柿木小学校と改名、同二十二年材木町小学校となった。戦後六・三制になるまでは男子校だった。
(364)旧下新町久保市神社の近くにあった。後一九席となり大正九年（一九二〇）尾張町に新築移転し、昭和九年（一九三四）廃業した。

二日　沖村より大根引

十一日　林省三来談、石黒弘女月俸扶助一件一ケ月弐円七拾五銭五十二禄券利三十三円の半高十二ケ年ニ割、一ケ月分宛遣可約

十三日　五十二龍動より来書、十月十八日出、到達の旨、三八来報、書中ニ云、十二月初旬英国龍動出船、十六年二月帰朝の旨報知

十七日　林銭三郎今日養家井上某旧成瀬内蔵助手医師なり方引移りの旨

十九日　高井酋継旧陸奥守事妻神保氏病死臥至

廿二日　降雪積て二尺至

廿三日　守直生蛎一箱恵まれ珍味

廿七日　餅搗

三十日　晩景守脩帰家、守直歳末酒持参

明治十六年癸未一月一日乙巳

雪意団欒、屠蘇献酬、日々賀客来往

三日　出羽四番丁小家三軒斗焼失

五日　守直・鉄雄・林直・林繁・唯次郎・嘉女招飲、河内山老人来不

十一日　寺嶋美鴨持参

廿一日　寒凝餅搗、三田村等三軒分とも

※ロンドン石黒五十二より手紙

龍動にあらす、仏巴里よりの書

※人力車営業

二月一日　三八来報、五十二来書ニて去十二月十五日龍動出帆の旨報知
三　日　石丸与三助畳屋事へ精米器械貸遣ス、借用書付取立置
四　日　河内山若奥傷産、頗る難産、幸ニ無異肥立
七　日　林省三来報、五十二今午後二時帰朝、横着の旨電報
八　日　旧暦正月元旦、雪花繽紛銀界眩燿、可賞氷凉数日不融
三月九日　過日解雇ニ付、鉄雄今日上京発途餞別として過日肴遣ス
十三日　午後御用方へ御年賀申上ル、新年来初て外出
十五日　春来初て畠手入、仁右衛門雇
十七日　連日霙雪、今日積雪　尺
十九日　高畠紀堂来報、明後日発足、上京の旨
廿五日　河波棕園能州出途の旨来報
廿六日　人力車壱輪弥兵衛営業のため買上代金拾三円五拾銭也、外税銭并修覆もの寄合テ拾七円余也
廿八日　今日より唯次郎持地開拓等取懸る
四月三日　人力車ニて尾山神社・妙慶寺等へ行
四　日　柿継木着手
廿五日　午後二時南森下村焼失、弥三兵衛類焼の由
十八日　前田則邦来訪、武信義大失策打続キ甚困難ニ付、救助方依頼越、富山より返書十八日到達、廿一日武家作家財跡仕末方依頼人宮木淳造来話、廿三日信義東京へ出仕申来

候旨電報、金子調達申越、廿五日唯次郎五拾円調達、廿六日電信為替ニて先旅費三拾円電信為替ニて送る、残金ハ五月二日宮木へ渡ス、廿五日南森下村焼失、同日午後三時頃若宮村焼失、此日風強し、富山太田社等焼失、同日

廿八日 武さと女鏡台等預かり

野口徳蔵妻病死

廿九日 上田永貞来訪、昨日出沢、明日小松へ帰家の旨

信義廿六日出の書到達、廿七日東京へ出立の旨報知

三十日 林省三来報、五十二廿五日出到達、同日准奏任拝命の旨

石黒五十二

当省御用掛仰付らる、取扱准奏任候事

月俸百二十円下賜候也

明治十六年四月廿三日　内務省

内務省御用掛石黒五十二

衛生局事務取扱申付候事

明――内務省

五月一日 宮木順造来り、明白大坂へ出立の旨ニ付、武へ調達金伝付

四　日 河波有道老母八十歳、寿莚招飲、腹痛ニ付不参、詩歌・千歳酢一箱十五入守彦持

※富山分県内達

※渇水

参致為候事
武信義より四月廿七日大坂出帆、同廿九日東京着、三十日大蔵省準判任御用懸り拝命の旨報知　四月三十日来書到達
九　日　富山分県の旨内達の義、東京より電報
廿　日　守脩帰省、午後五時着
廿八日　守脩出立帰富
三十日　鈴木平五郎二児同道来訪
六月十三日　林直富山勧業課へ転任の旨
廿五日　岩田忠益富山へ移住の旨来報
廿八日　林直富山へ出立、○唯次郎転宅
七月十二日　石黒三八東京より帰家、五十二来書、同人家作三八へ貸し遣候旨等、林省三・自分宛の来書也
廿二・三日　大暑、九十度、八月中も都て大暑、酷烈併清暑ニて朝夕清涼故以今夏諸病少し、市中諸所井水涸困難、所ニより一荷水三銭或ハ五銭ニ至る
八月十一日　守彦・作太郎同道登立嶽出立
十三日　利同様近々御下県の旨報知、富山より
十七日　午前四時横浜宣徳・津田愼康・印牧九兵衛・河辺見水・毛利祐順誘同伴出立、夕高岡一泊

富山行

守彦・作太郎同行立山登臨

幸次郎富山行

土田たつる出生

市郎左衛門君百五十回忌

十八日　午前十一時富山旅宿へ着、守脩安養坊峠迄迎ふ、夕利同様御旅館へ土産物持参、今晩守脩寓居へ同行、一統招飲

十九日　午前元御城拝見物、夕御旅館召寄られ、御陪宴命らる

廿　日　大風雨ニ付滞留、御暇乞ニ出る、御逢御懇命

廿一日　晴、午前六時過出途、高岡午飯、今石動一泊

廿二日　正午大樋ニて午飯、二時帰家

過日来嘉女瘧疾、今廿三日切断自後全快

廿六日　守脩・守彦・作太郎同道帰家、両孫ハ廿二日朝雨中登嶽の由、昨日伏木廻りの所、中暑ニて同所ニ一泊の模様の所、今石動迄参り候由

三十一日　嘉女瘧全快初て来ル

九月五日　利同様当所へ御通行ニ付、旧同僚等同行、大樋迄御迎拝謁、直様御旅館秋山柿木畠

六　日　御旅館へ父子召され旧御付一同御酒肴陪宴

八　日　午前七時御旅館へ出、御発車ニ付野町端迄御見立申上ル、守脩柏野迄御見送り申上ル

十一日　午前五時守脩、幸次郎同道富山へ出立

十二日　土田鉄雄妻女子出産、名田鶴

廿　日　内仏ニ茶湯、和尚小僧来四代市郎左衛門君夫婦百五十回忌、守直・嘉・唯次郎来ル

紀堂高畠伊平当十三日東京より帰郷の旨ニて来訪

五十二より来書、妻引移為候ニ付、祝義為鰹節・酒代送り越の事

廿三日　尾山社内ニて西南戦死の招魂祭執行、并能楽・撃剣・揚火　※招魂祭

十月八より海水浴相始候事、一週日十四日ニて相仕舞　※海水浴

高井長直死去

十一月八日　重て海水浴相始

守脩増給五円、先給合三拾五円也　守脩増給五円

十四日　海水浴一週ニて済

唯次郎泊り、山仕舞、十八日帰家の旨

廿二日　吉田誠忠調達金石黒三八借用分唯次郎請人ニ付、本訴及候事

三十日　前田則邦富山より出沢の旨ニて来訪

寺嶋故蔵人(365)祭資料為　二位様特別の趣を以五十円御下賜ニ付、十二月四日右ニ付錬太郎

招飲、腹痛難儀ニ付不参　※寺島蔵人

十二月十五日　午後七時頃山ノ上町善道寺焼失、類焼無

廿五日　林省三養母卒中風ニて死去

(365)競《つよし》・応養・静斉、墨竹画を能くす、人持組原弾正元成三男、寺島家四百五十石相続、享和三年（一八〇三）高岡町奉行、後定検地奉行、改作奉行、文化十年（一八一三）勝手方御用・大坂借財仕法主付・同十二年役儀指除・指扣、文政元年復帰したが翌年指除・遠慮、文政七年（一八二四）藩主斉広に信任され教諭局主付となったが程なく斉広の死で役儀指除・逼塞、藩政は再び年寄衆指頭、天保七年身分不応の藩政批判として処罰され同八年四月能登島流刑、九月三日同地で死、六十一歳、長山直治「寺島蔵人と加賀藩政」桂書房

御昇進
薨去

廿六日　餅搗
三十日　守脩・幸次郎同道帰省、十二月三日頃より霙《みぞれ》霰自後霰雪、五日積雪尺余至自後雪
絶不降

明治十七年甲申一月一日

瑞雪霏々《ちらちら》例依椒《しょう》酒祝元正
三　日　尾山神社拝参、御用弁方年頭御祝詞
六　日　旧同寮（ママ）会、宿横浜・津田・河辺・毛利来語
七　日　守脩・幸次郎同伴帰富出立
従二位様前月十三日より腸カタルニて御不例の旨
九　日　積雪尺余、寒甚
守彦御用弁方へ、従二位様御容躰相伺候事
十二日　雪御
十六日　守彦御用弁方へ相伺候処、昨日電報ニて、昨十五日、特旨を以、従二位様正二位
ニ御昇進の事
今十六日、午前八時電報十一時達、今午前二時、正二位様薨去の旨ニ付、守彦改て御用
弁方伺候奉事
十七日　御用弁方へ相伺、御機嫌罷出候事、御病名肝眼（癌カ）と申事

守彦調剤方雇

守直横浜へ出立

廿二日　成瀬居道婚儀ニ付、招飲、守彦同伴行、寺嶋と三人迄
廿六日　味噌搗
廿八日　かき餅少々搗、仁右衛門・弥兵餅搗候ニ付
廿九日　夕唯次郎妻子痺（脾）疳ニて気絶須臾ニして蘇す
三十日　波吉ニて今様能興ニ付行
二月廿一日　守彦医学館病院調剤方雇、月給五円
三月五日　尾山神社於、温敬公五十日御祭式、拝参
十一日　守彦・倉知同道富山へ行
十六日　各帰家
四月二日　雪華中々
四　日　快晴、守脩同僚頼合帰省、守直横浜移住ニ付
五　日　石黒三八方ニて千尋夫婦百尋年忌祭式執行ニ付、きそ一人行、酒三升・室来饅頭ニ袋備尊、佑《たすけ》て三八方よりなほらい五人前到来
五　日　守直并鉄雄妻餞別為招飲
七　日　守脩出立、帰富
八　日　守直方へ留別宴ニ付、自分夫婦同伴行
十　日　守直家属（族）同道出途、加奈川県横浜へ移住ニ付、午前五時車ニて野町端迄見送る、守直同行寺嶋・津田某有沢故沢右衛門次男のよし町端ニて別杯を数巡、午前九時帰ル

守彦上京発途

※鰯大漁

※卜一亭

十三日　守彦上京、午前八時着途、同行[366]倉知新吾・点某・石川某、都《すべ》て三人同行、下街道通行

守直等十五日海陸無事本日午後九時横浜着の旨電報之有旨、十六日野口秀発より報知

十六日　岡田淡堂・狩谷芳斉同伴公園逍遥、梅花爛慢咲も残らす散もはしめす

十九日　守彦能生よりの葉書到達、作太郎上京ニ付、今夕餞別

廿一日　作太郎留別宴ニ付、夫婦同伴行

廿二日　作太郎発足、出途告別来

廿六日　大暴風、作太郎関ヶ原より廿三日認の書到達、東京着後廿八日書到達、廿六日の大凪ハ横浜着の日ニて、幸甚

五月一日　昨今指網鰯大猟

十八日　恭敏公十年祭式ニ付、尾山へ拝参、膳料上ル、此日暴風雨夜到

廿四日　大雨冷々風霰冷気冬如

廿五日　営所縦覧、かね見物ニ行

三十日　妙慶寺現住石心徒弟心定、東京本山より帰院、読経僧となる

六月五日　仙台武信義来書、租税局廃止ニ付、主税局属任られ、本月半頃東京へ出府の旨報知

佐々木泉龍七十七歳賀莚、[367]卜一亭ニて集会の旨、兼て招牌到来、展観迄出ス、信義十七日東京着の報知

廿一日　林直昨夕東京より帰家の旨、守彦等近況承悦

※営所一棟焼失

脩帰省

※善光寺尼僧御巡廻

廿六日　砺波郡上島村某老人来訪七十五歳と云守脩旧知の旨、六月廿一日守彦より来報、信義七月中ニ付日向宮崎県へ出張申渡され候旨、東京五十二より来書、本月中旬九州筋へ出張、其後久留米在勤申渡され候旨

七月十日　石黒栄太郎五十二より呼寄ニ付、今朝出立上京の旨

十一日　午前一時当営所内一棟焼失

廿二日　御用弁方へ暑中御機嫌伺、并本月廿日御婚礼旧肥前鍋島侯より御整遊され候御祝詞申上候事

五十二よりきそへ久留米かすり壱反送り越候事

廿九日　土田豊女金沢小学校へ転校ニ付出沢、穴水町三嶋別家へ着

八月一日　暑気見舞旁鰍遣し、五十二へ弐枚、林周房へ壱枚、武へ壱枚、土田へ壱枚

三　日　夕五時守脩帰着

横浜宣徳穴水より出沢、七日夕着

十三日　信州善光寺尼宮様御巡廻、今日妙慶寺御到着、暫時御滞留の旨

十七日　上田永貞小松より出沢

(366)新左衛門・陳善《のぶみち》　六十石　横山又五郎家臣、武学校で槍術を学び頭役、御用人、雄飛館小銃教師、小銃隊士、伍長、明治十七年四十五歳

(367)明治四年（一八七一）日本で三番目に開業したと言われるすき焼屋、最初は梅本町にありオランダ人技師ホルトルマン設計の洋風三階建で、当時一人前一銭五厘の高価だった。浅の川大橋詰橋場移転は明治二十五年（一八九三）、同十九年頃は此花亭と言ったが後又卜一となった。

※暴風

※林敏夫婦音楽調所遊学

十九日　本多政以同道来訪

廿一日　富山より帰省途中立寄

廿二日　前田兵太郎方小集、水上杏・丸山閑話

廿四日　守直先達てより脚気難儀の所、此頃少し宛快旨、野口ニて承知

廿五日　守脩・幸次郎同道帰寓、午前五時出立

廿六日　暴風、塀の屋根等吹落す

廿七日　涼気甚し、朝嘉母儀来ル、廿四日富山より出沢の旨
林繁夫婦師範学校より県費ニて音楽調所[368]へ入学申渡され、今日夫婦同行出立、三十日出立の旨

三十日　林直義来云、旧人持組奥村源左衛門家来・藤田淳平男勝次郎へ照女縁組致可哉の旨、中村規三郎母儀紹介の旨、示談の事

九月一日　今日より尾崎神社ニて梅ケ渓等大提相興行

四　日　林直義夫婦富山へ引越出立
八月十八日例会、久々出席致不ニ付、今日宿致し候処、赤井直記・沢村甲叟・小幡和平・水上喜八郎・石黒魚渕・日下部周六人来話、夜半至

十　日　五十二よりの来書到達、同人義福岡県在勤命られ候旨
藤田縁談の義、一先古道迄断ル、九月十四日也

十月三日　林直義当所勧業課へ転任、今日帰家

※為替会社

廿日より為替会社貸借指止候事

廿三日　煤払

廿六日　土谷鉄次郎明後日守郁東京へ出立の旨ニて来、今後官費生ニ成

十一月二日　上田永貞出沢、松露持参

小松乙三郎七尾へ転局の旨ニて来報不平の由

十一日　横浜宣徳出沢の旨ニて来訪

十三日　大風飛霰

作太郎為替社閉店ニ付、送金指支拠無帰家致し候事

十二月二十日　生駒幸介大坂より帰富途中来訪

廿九日　餅搗

午後二時守脩・幸次郎同道帰省、折々霰

十八年（年号欠ママ）**乙酉一日**

曇、脩等同道御用弁方年頭御祝詞申上候旨、一家団欒屠蘇祝、新暦

四日　守脩幸次郎同道出立帰富、淑雪

---

(368)明治十二年十月文部省に音楽取調掛を東京大学赤門内に設け、米国から音楽教育を視察帰国した東京師範学校長伊沢修二が掛長となった。同十八年二月音楽取調所と改称、同年七月上野公園に移転、同二十年（一八八七）十月東京音楽学校、現東京芸術大学となった。

七　日　御用弁方へ年頭御祝詞ニ出、尾山神社・妙慶寺へ拝参兼同事
十三日頃より寒　結氷
十六日　温敬公御一周霊祭拝礼、尾山へ出ル
十八日　兼中村規三郎方へ行、今度改て藤田縁談媒酌依頼の為ニ行
廿　日　中村奥来報、藤田へ引合候処、速ニ治定、懇談早々引移為度旨、内談の事、二十日南保の翁没、享年七十六歳虎之助事
廿五日　藤田縁組約諸相整候ニ付、結納酒肴取替為候事
廿六日　餅・かき餅等少々搗
廿七日　風雪寒甚
二　月　初旬より嘉女日々仕立物手伝ニ来ル、照引移りハ二月中の約ニ付、下旬ニハ守脩・同勤頼合帰省之有図りの処、其義不能ニ付、廿八日引移為申可打合せ、廿七日手廻り品々持為遣し、廿八日五時引移為、一家一同祝義為参り候事、三月二日藤田父子同道祭礼為来祝
廿二日より藤田海水浴相初候ニ付、午後日々陪浴ニ行
三月廿七日　作太郎士官学校志願ニ付、今日金沢学校へ検査ニ出校の所、体操ハ甲科第一等と云、併入学ハ本検査ハ八月の由
四月四日　嘉・照・ミつ・ます・橘太・又次郎・卯三郎・そとえ来遊、夜勝次郎・唯次郎・作太郎来

照里披

九　日　犀・麻(浅)両水出水、藤棚流失
十二日　藤田夫婦・若夫婦・中村規三郎母初て呼候ニ付、嘉取持ニ来
十三日　山本咸斉紹介ニ付、徳田寛所同伴、本多町田中道政方(369)へ唐人王昌齢書一覧ニ行□書なり、藤田維正(370)も同観
十九日　爽晴、気候初て清和、梅花漸開桜花将半、桃杏漸莟
廿一日　森乙作・吉岡柿継木ニ来
河波棕園賞花宴招飲、実ハ文部省より硯箱・字典賞賜ニ付、披露也、且鯨猟等賞牌拝賜とも、同坐俊士ハ藤田容斉・長連孝(371)・高橋富兄(372)・田中善左衛門・山本咸斉・高畠紀堂七人也
廿六日　守脩帰省
廿九日　照女里披《ひらき》、藤田両夫婦・松岡与平・高原庸勝・古道母子・中村規三郎・唯次郎夫

(369)権之助　四十石　金沢町人田中屋権七息、元治元年御勝手方に召出、慶応三年（一八六七）給人組、明治十八年（一八八五）五十八歳
(370)六左衛門　五十石　天保十一年（一八四〇）明倫堂で御書物拝領、儒学心掛、嘉永六年（一八五三）思誠斉様（明治元年亡）素読御用、柳ノ間講釈、文久元年（一八六一）御祐筆、御密用役、御塾会師、元治元年（一八六四）京都御守衛、芸州出張、東京御勤学御供、三等文学教師、三等上士権少属、南北両塾生教諭主付、明治十八年五十九歳
(371)三蔵　百三十石　元治元年（一八六四）京より広島出張、頭並、三郎兵衛の息、明治十八年四十八歳
(372)肇　六十五石　文久三年（一八六三）大音帯刀に供し上京、明倫堂国学講釈御用、明治元年神仏混淆取調理御用、藩掌、庁掌、社祠掛

富山大火守脩より報ニ
東南風烈敷延焼、戸数
五千五百余土蔵納屋数
百棟焼失と云

婦・嘉女来莚、徳蔵相伴仁右衛門・弥平等

五月一日 藤田へ脩招飲、陪莚（宴）唯次郎・林直・中村規三郎・高原・自分同飲

二　日 高橋富之・上吉谷村貞婦の記持参、家厳筆記の写也、本紙は先年類焼ニ懸りたるに付、高橋より借用の約あれはなり

五　日 守脩出途帰富

藤田海水湯重て取寄ニ付、八日より陪浴廿三日済

十　日 古道徳孝七回忌仏事、腹痛を以不参兼参詣拝礼ニ行

土田お豊能美郡大長野村小学校へ転校、月給六円十三日出立

十三日 照女婚礼祝義の結赤飯配り候事

十四日 石黒三八病死病症胃眼（胃癌）なり

十七日 能美郡今江村の茶師来、茶製造方授与、唯次郎紹介、奥村甚三郎方出入人のよし

三十一日 曇夕漸雨、夜至暴風徹暁

六月一日 旧暦四月十八日、暴風朝至て顕、午前三時後より雨ニ成

昨三十一日午後八時、富山餌指町より出火、今一日午前五時鎮火、焼失こぼし家とも廿千軒ニ至る無類の大火事なり、守脩寓所幸にのかる、親戚知音日々来訪、富山安否を訪ふ

麻疹流行、河内山卯三郎・三田村ミつ・ます、感染軽症

河波棕園発明の七万両兼竃出来自分誂置の分　牧野一平金城新誌三葉持参牧野ハ雲様堂主人なり

九　日 博物館ニて今様能之有、兼同伴見物

※万十郎

※東京大風

成瀬上京

※鋸屑屋

林直女子生

十　日　又同断、藤田老夫婦・照同断

六月十四日　尾山社内ニて相馬波吉・万十郎等能興行、翁・高砂万十郎巴・土蜘等外舞・囃子
三番也

廿七日　照女製糸ニ来ル

廿八日　泉沢弥太郎来ル、過日来出沢、林省三方へ来訪の旨、此頃承知、暫時小話し去尾
張町旅館ニて上田富義と名乗候由

七月二日　富山中野屋喜平水□と云　守脩書状持参、同人忠孝饅頭一箱贈らる

三　日　今日蜜蜂巣別れ、期ニ後るゝ甚し
六月三十日・七月一日の両日東京大風、破損潰れ家百数十戸、死傷も之有旨

廿二日　横浜宣徳出沢ニ付能州中居戸長なり寄宿ニ行十九日出沢

廿五日　成瀬居道上京途ニ付、宅迄見送ニ行

廿七日　公園鋸屑屋ニて横浜送別会

廿八日　林直長女薫子今朝出生

廿九日　守彦帰省着、廿六日夕横浜土田より出立、汽船ニて廿七日午後伊勢四日市着、都
合二日半三夜ニて、今廿九日午前十時帰家
林繁夫婦金沢師範学校より文部省音楽取調所へ入学命られ、先達上京の所、本月二十日
卒業証書受領したり、八月十日夫婦とも帰郷

八月十四日　午前十一時河内山寛方病死　過日来腸病六十七歳也

九月守彦上京
脩帰富
土谷主計官拝命
和倉入湯
※和倉小橋市左衛門
※宗玄の銘酒
※和歌崎上等酒

十六日　午後五時守脩・幸次郎同道帰省
十八日　関兵次郎勝芳歿六十九歳也
廿七日　藤田招飲、兼・脩・彦自分四人同伴
九月二日　照女着帯祝ニ付、産婆藤田四人・嘉女・唯次郎・野崎清次陪飲・守彦別宴兼て
三　日　午前七時守彦上京発途
六　日　朝六時脩帰富上途
十五日　定会、公園内鋸屑屋ニて会主毛利祐順也
十二日　土谷鉄次郎海軍省主計官判任拝命の由報知
廿一日　幸次郎・阿岸おは同道今朝強て帰富の事
廿三日　河辺見水同道和倉入湯、兼同伴日記
午前三時上途、甚雨滂詫、午後飯山ニて午飯、午後七時能州七尾大手町輪嶋屋菊太郎方投宿
廿四日　早発五時発車、両須臾ニして晴、前八時和倉湯本小橋市左衛門方へ投宿、但小泉の上宿、客満室、新宅同断、止得不小橋ニ投す
廿五日　晩景駅内散歩、駅内湯本[373]和歌崎五六郎方ハ温泉湧出、筧泉又清潔、且酒造家ニて上酒ハ頗る淳美、止宿の浴甚少し、客室聊陋狭なるを以てか、家屋駅内の辺地故か
廿六日　河辺[374]宗玄の銘酒取寄、代金弐升三拾六銭外駄弐銭也、和歌崎の上等酒も同価、品位も甲乙すへからす

※馬場芝居見物

廿七日　浴客雑沓妨閑
廿八日　午後快晴、汽船、布帆往来、山海風景絶勝画可
三十日　俄ニ帰思催午後三時の汽船ニて、切符拾銭也七尾輪嶋屋へ夕四時着、(375)久保百二又和倉より来宿、晩景小坂也丑方へ行、小話、夜他丑方来訪
十月一日　終日陰々冷風、早起朝四時発車、午後二ツ屋ニて午飯、薄暮帰家、入湯往来路費宿料惣合、夫婦両人入費七円拾七銭なり、留守中照女断不来宿の旨
三　日　祭礼、藤田四人・嘉・唯作来宴
四　日　ます・なか・ミつ・はつ・小作同道馬場芝居見物ニ行
廿七日　夕小尻垂坂下早付木社一家焼失
廿八日　狩谷芳斉来、此後来不、十九年二月病死
十一月六日　河内山隠居山代入湯
七　日　唯次郎泊り山ニ行、唯妻山代より帰ル、老婆居残ル
林省三なつ子高知県検事補池部豊納へ縁組ニ付、近々高知県へ引越の旨ニて暇乞ニ来ル
廿八日　照女気配不宣ニ付、夜ニ入勝次郎同伴来

---

(373)小橋屋・和歌崎屋共現在は無い、又和歌崎の上酒銘は不明
(374)先祖は七尾城主畠山の一族、天正五年（一五七七）上杉謙信の城攻で珠洲に逃れ、宗玄と改姓、忠左衛門家で古くから造酒され、奥能登一の造酒家で、現在も「宗玄」銘で濃醇淡麗な有名酒
(375)吉朋《とも》　医者　明治十八年三十五歳

※照安産

廿九日 午後三時男子平産、産科清水勇吉前夜より産婆も来

十二月五日 照女七夜ニ付藤田父子・高原康勝・嘉・唯・中本妻来飲

廿七日 営所裁判官播州姫路平民石井清次三田村へ同居、今日より寄寓

廿八日 照女肥立候ニ付、今日帰家致為候事

三十日 午前十時過守脩富山より帰省着

三十一日 雪降、四・五寸ニ至る、作太郎・幸次郎・唯次郎来話

明治十九年西戌一月一日辛酉

新禧依旧屠蘇祝正

守脩・守時・作太郎・幸次郎尾山御用弁方等妙慶寺賀年巡廻、日々賀年客多し、嘉女来賀、照同断泊ル

二　日 守脩富山へ帰庁、午前九時上途

五　日 積雪七・八寸至、横浜宣徳出沢、六日来賀

七　日 定会、棕園来話、咸斉不参

九　日 河辺見水病死

十二日 雪、霏々結氷

十五日 定会、津田慎康(376)、毛利祐順来話、寺嶋錬太郎陪飲

眼鏡屋喜三八来、廿六日藤田へ遣ス

※此花亭

廿九日　快晴、新年来初て他出、久保市参詣、田中・三田村・森・野崎・高崎・藤田へ行、一盃傾帰ル

三　日　節分

四　日　立春、将晴、大野乳母初来

二月十一日　照女七十五日産後相当ニ付、勝次郎夫婦来

十三日　長連孝来、明十四日藤田容斉還暦賀莚(宴)開ニ付、此花亭元ト一事招飲ニ付出席致呉候様懇報、不快を以て不参、椋園・咸斉出席の旨

十六日　横浜守直より鰹節・海苔寄贈

廿四日　石田太左衛門偶然来

廿三日　徳蔵転宅の旨

廿八日　晴、御用方・尾山・妙慶寺参詣、同日午後三時新町寄セ席へ兼同伴、今様能見物

廿四日　狩谷判平病死、八十二歳也、当新年中平野彦之丞病死、七十八歳、去年夏か小笠原恒三病死、七十八・九歳也、同赤座小弥太永原事病死、七十二歳也

三月一日　小坂他丑来、小学教員試験に付出沢の旨

二　日　兼同伴今様見物

六　日　同断今様見物興行十一日也

(376)津・藤蔵　三百五十石　嘉永七年（一八五四）異国船渡来に芝増上寺御守衛、稠松様御抱守棟取、二等上士、明治十九年六十二歳

畠手入茶肥し

※並木町和倉湯

四月

作太郎・幸次郎体格不合格落第

※大谷光勝来着

十五日　春来初て畠手入、仁右衛門迄

廿三日　徳蔵・仁右衛門畠手入、茶肥し

十六日　石井三田村同居人女いと同道来報ス

今度清次非職命られ出京致ニ付、近々発足の旨暇乞ニ来、右いと女玄蕃以来素読ニ来候ニ付て也

廿六日　並木町和倉温泉浴今日湯開ニ付、佐々木守誘同行一浴、群集殆数可不、浴一月経不浴客甚減却ト云

廿八日　横浜宣徳出沢来訪、穴水戸長ニ転職の旨

横山政和唐胡桃枝接木申可旨所望ニ来、兵九郎三田村出入人柿接木ニ来五本、接杏壱本接続す、手間わらし銭五銭遣ス

四月二日　高井酉継養子正之同道来ル、酉継去年大病のよし、正之ハ外孫湯浅某旧御馬廻組也、嫡子宅孫女へ婿養子成

柿四本吉岡ニ接為依頼ニ付、藤田へ遣来候四月十日

十一日　桜花満開、風雨惜可、古今同感

幸次郎幼年士官生徒志願ニ付、今日試験落第体格不合格、十六日作太郎金沢学校入塾中、士官生徒志願試験の処、体格不合格を以落方、橘太郎同断、山崎宗太郎ハ躰格合格のよし

十三日　兼同伴公園ニ桜花を賞す、経雨未全衰残、愛可

廿一日　本願寺大谷(377)光勝師来着、群参、廿四日朝出立、越中へ御越

上方役者尾上多見十郎と云

※唱歌講習会

蜜蜂巣別れ

廿二日　藤田誘ニて兼同道桜馬場戎座(378)演劇見物、柳沢弥太郎奸計始末を演す

廿四日　博物館ニて唱歌講習会之有、聴聞ニ行

三十日　快晴、博覧会見物、独行、古書画類多し

五月三日　秋季祭礼ニ付淳平・勝次郎夫婦、奥持病不参、嘉・唯来飲、照泊ル

七　日　上田永貞来

咸斉・河波棕園・石黒魚渕来吟

此頃指網鰯大猟、十箇代八厘前後

十　日　蜜蜂巣別れ

十二日　湯殿等修繕ニ取懸ル

はつ高岡行十日発・十二日帰ル

十五日　旧同僚寄宿、津田・毛利来飲、寺嶋陪飲

二十日　流し前等修繕、今日より大工来ル

廿五日　此頃博覧開場ニ付、本日独行

六月一日　南保幽夢大六年七十一歳没す、訃至ル

二　日　並木町和倉湯へ兼ト同行

(377)厳如・愚皐・達住　東本願寺二十一世、焼失した阿弥陀堂や御新堂復興、海外布教に努めた、明治二十七年七十八歳亡

(378)明治元年卯辰山にあったが衰微し、以前藩士の調馬場にあった関《せき》馬場へ移った。

※妙慶寺心定晋山式

守彦帰省

卿女帰着

林省三妻帰省

旱魃

※大坂コレラ流行

七　日　墓参、昨夕御逮夜ニ付妙慶寺石心和尚来読経

十一日より尾山ニて今様能興行、十五日兼同伴見物富山近在三井某斯波蕃母同座

十七日　昨今淳平父子共下痢甚敷ニ付、田中へ診察頼度由ニ付、田中へ行

廿二日　嘉女糸引ニ来ル、廿三日同断

廿七日　妙慶寺定心(心定)進(晋)山式(379)修行、石心隠居不参

廿九日・三十日　嘉女糸引ニ来ル

七月

守彦本月一日五十二同伴出帆、久留米遊歴の旨来報、重て都合ニ寄遊歴相止候旨

七　日　棕園・咸斉来話

堀某・森繁三家作へ引移りの旨、本人来報、七月八日

武より来書、郷女近々守彦同伴帰寧の旨来ル

十五日　早朝兼同車墓参

十七日　小陰蒸暑、午前十時過守彦・郷女・義雄同道今暁金石港上陸の旨ニて帰着、嘉女・唯・照女来会、意外の欣悦云可不

十九日　此頃池部淳妻なつ女帰省の旨ニて来訪淳ハ高知県検事補、鰹節五本持参の事、本年ハ夏中大旱魃

廿一日　白井巽帰省着の旨報知

廿五日　朝咸斉を訪、棕園又至ル、品座小酌、手前至て帰ル、此頃大坂コレラ病蔓延、死亡多し、追々諸県大流行

※三芳亭
※観荷花
※大旱魃
守脩帰省

三十日　御用弁方御機嫌伺暑中ニ付
八月一日　午前七時、与・棕園・咸斉同遊、公園中の三芳亭・観荷花此日隣亭へ山田履祥・今井玄真・富山野本某等奏楽三管洋々各妙更添、清興又別亭ニ渡辺玄隆等茶客三五人同賞蓮花、頃日寒暖計九十七度ニ至ル、無雨
八　日　兼・嘉・卿同伴卯辰本光寺(380)へ墓参、武芸提所なり松村八郎左衛門武へ来尋
九　日　兼・嘉・卿・義雄・守彦同伴公園三芳亭ニ遊ひ、蓮飯賞翫・自分共六人外同伴無、消暑の策得たり
六月廿八日　大雨後同月末七月初の間、折々淑雨之有、併十分地を潤おすに致らす、宗後大旱魃大暑鑠金、八月中旬ニ至り朝夕爽涼清秋如
八月十六日　小陰頑雨不能、夕小雨午後三時過守脩暑中の休暇帰省着
十八日　午後三時驟雨傾盆、六月廿八日後初て快雨、人畜草木欣々初て蘇す、廿二日夕より快雨通宵、廿三日暁に至て霽《はれる》、稍僅秋涼
廿九日　此頃寒暖計六十七・八度、本日は松雄喰初ニ付藤田両夫婦・高原庸勝(381)・嘉・唯・卿来開莚《宴》、赤飯等藤田より齎《もたら》し来ル、家内一同接伴

---

(379)普山式、その寺院の住職となる儀式で、心定はこの日から妙慶寺十九世住職となる。
(380)金沢市高道町、現東山二、鳳栄山、日蓮宗
(381)平馬　五十石　富田外記二千石の家臣、文久四年（一八六四）京都から広島出陣、慶応二年（一八六六）、三年小松御城番中御用取次役、明治十九年四十六歳

※大豊穣

守脩帰庁

※コレラ大蔓延

廿日藤田奥発病

きそ同断

藤田奥死去

三十日　表裏門ふりかへ修繕、蒸暑未全消、併時々好雨あり、本年大豊穣といふ

九月二日　餞別等兼て児女輩打寄作太郎・幸次郎・ミつ・ます・橘太・又次郎・小芦・外枝・唯次郎・卿・義雄・勝次郎夫婦・山庄娘のうば并徳蔵・弥平・仁右衛門打寄赤飯相祝候事

五　日　今日卿女・守彦・義雄上途帰京の心算の所、通船の都合により延期の事

八　日　午前四時守脩出立帰庁、夕影小川孜成方へ行、行生面識ニなる

過日来拉病大蔓延ニ付、頃日薫蒸法施行

十一日　味噌蔵町等薫蒸ニ付大混雑、夕六時後相済十二時間の薫法也

蒸暑猶八十度ニ至ル

十三日　旧暦中秋、夜淑雨、天気翳る

十五日　午前五時頃勝次郎来報、夜前より照女吐瀉甚しく難儀の旨、藤本純吉申遣候処、九時頃来診腸胃カタルと云、折角加療煩悶甚敷、甚危険也、守彦・きそ日夜看護、十六日吐瀉漸薄らき少穏也、廿日朝きそ夜伽より帰り、藤田奥又候吐瀉追々指募り、看病方手つかえニ付、照女引受保養致為度旨依頼ニ付、俄ニ守彦参り車ニて連れ帰る、照ハ先穏也、然る所きそ義、夜前より吐瀉頻り甚敷、一家驚動、早速藤元来診、矢張腸胃カタルの旨ニ付、種々彦看病加療

廿一日　午前三時藤田奥死去胃病遂ニ治不、きそ吐下止不衰弱甚し、富山電報往復

古道隠居奥・林省三奥・義一郎・鉄三郎・石黒まこと等見舞人等日々繁雑、極老堪不配慮、廿二日藤本来診の上、照ハ最早回生の旨、きそも先ツ可畏事ハ之無旨、一同小安心

大風九月

林繁死去廿七日五十二より電信ニてきそ病容尋とし是よりも返電

二十五日　夜前より暴風宅地塀屋根残不吹捲とる、所ニより潰れ家も之有、屋根瓦を飛し候よし

廿六日　藤田中陰逮夜ニ付、守彦内仏へ参詣致す

廿七日　林繁今午前二時三十分虎列拉《コレラ》病相滞、死去の旨行山辰四郎よりの報書到

廿八日　爽晴寒冷、守彦・郷女・義雄同伴今晩五時発車上途、下街道通り登京、唯次郎・橘三郎・作太郎来ル、向井巽大樋迄送ル、兼・嘉同車大樋迄見送ル、終日好晴
十月三日来書ニ廿八日伏木ニ一泊、廿九日早発、汽船ニて直江津へ上陸一泊、三十日早発、関山迄汽車ニて善光寺ニ一泊、十月一日馬車等ニて坂本ニ一泊、二日汽車ニて午後二時東京着ニ相成候よし、上都合也

廿九日　朝長屋借越村ます七十七歳病死

十月三日　尾山へ参詣、社殿寂寞嗚呼

六日　藤本来診、きそ休薬、照女薬方替、六日夕彦太・武より三日出来書到達、二日京着、健在の旨報知

七日　咸斉来話

八日　照女粗快気ニ付、今日帰家

十日　武より来書、二日郷・義雄無事帰着報知、并謝辞細々申越ス

十四日　佐々木泉山胃腸長々相滞本日死去、北陸銀行遠不閉店致可哉の旨、三田村から脩周旋ニて衞元百円ニ付拾円宛借用の談判相調候事

※並木町、小松軒楼

※尾崎神社大角力興行

廿　日　過日佐々木泉山頼ニ付、鮎の子ノウルカ取寄方申遣候分到来、外ニ鮭味噌漬到来、頗美味也

廿三日　三郎斉君十七回忌、蓮妙院君廿五回忌相当ニ付、夕景兼同道内仏へ参詣、備物銘酒弐升蒸籠代五拾銭饗給頗る厚し

過日来拉病流行ニ付、海河魚類果実等禁止の処、頃日追々解禁、且諸社秋季祭暨寄セ席興行物等禁止の所、此頃ニ至り追々解禁

廿五日　徳蔵せかれ喜太郎病死、長々肺労也

廿七日　横浜宣徳両三日前出沢ニ付、津田慎康・毛利祐順四人同伴並木町小松軒楼ニて小酌、閑話晩景至て帰ル

廿六日　早朝妙慶寺拝参

廿八日　兼墓参、前月ハ郷女等出立等取込ニ付不参、依て本月参詣

三十一日　水上へ悔ニ行、本月十五日喜八郎妻病死ニ付、

三十一日より新町寄席ニて今様能狂言興行。尾崎社内ニて晴天五日間大角力興行

十一月一日　行山辰四郎・堀文平号蘭斉蘭崕魚同伴来話蘭崕死後蘭斉初て来る、小鰯猟之有、去月廿日頃より高岡よりひな来泊、二日帰岡出立

三　日　祭礼、嘉・照等来ル

四　日　兼同伴今様見物ニ行

五　日　同様見物

※村雲尼公来沢

土田次郎左衛門五十回忌

七　日　三田村年回、藤田故奥四十九日ニ付きそ・仲行、夕咸斉来吟

九　日　兼古道隠居同道野田墓参

十　日　尼宮僧正村雲日栄(382)来沢、布教ニ付卯辰全成寺(383)へ兼参詣

十四日　相馬勝之懇親会、能興行、橋弁慶・善知鳥・望月・船弁慶、外狂言四番也、兼同伴見物

同日河内山寛方一周忌ニ付、兼参詣

十六日　勝次郎勧業課臨時雇ニ出頭林直周施

十七日　豊国神社(384)殿町へ正遷宮式祭礼繁盛

十九日　新寒烈々飛霰

廿一日　尾山社内招魂祭

廿二日　土田本持院五十回廻向等依頼越ニ付、昌柳寺(385)和尚呼ひ読経、内仏ニて廻向致為候事、横浜より右入費の方へ四円送越、内壱円和尚布施、并塔婆寺ニては廻向料として拾銭小僧布施弐円勝尾・小坂両家両奥へ菓子代九拾銭　内仏具物等

廿九日　松雄誕辰ニ付兼・仲藤田へ行

(382)日栄　明治天皇の妹、日蓮宗京都瑞竜寺（村雲御所）の御門跡様、大正九年（一九二〇）六十六歳亡

(383)金沢市高道町、現東山二、妙具山、古くは具足山、日蓮宗、不動明王は加賀藩十代藩主重教《みち》の守本尊であったものを宝暦三年（一七五三）に移した。

(384)金沢卯辰山山王とも称し、明治元年（一八六八）豊国神社と改号し、観音院傍に移した、豊臣孝吉を祀った。

(385)金沢市野田寺町、徳本山、日蓮宗

十二月三日　終日霰
七　日　林直鹿嶋郡書記へ転任、八等属、月給弐拾円拝命の由
十一日　成瀬奥、上街道通り上京出立ニ付、前六時前見立ニ行
十五日　幸次郎戸長役臨時雇ニ出ル
十六日　成瀬奥東着の旨電報之有
廿七日　東京五十二留守より例歳の通鰹節七本、砂糖三斤外ニきそへ三円歳末の祝儀来ル
三十一日　林直等歳末来ル

明治二十年丁亥一月一日丙寅

烟霞氤氳《いんうん》午後晴屠蘇祝新年
作太郎・幸次郎・橘太郎・勝次郎・唯次郎・義一郎・善三郎・河波棕園・前田兵太郎[386]・行山辰四郎・河辺見憲見水養子来賀、午後尾山神社拝礼、御用弁方年頭御祝詞申上ル、藤田・三田村へ年賀ニ行、夕一家丁子湯ニ入浴
二　日丁卯　暁雷鳴、前八時風歇《やめる》、来賀田中信吾・上坂千景・中西吉太・森[387]乙作父子・白井巽・大脇康之助・田辺寛・中村規三郎・淳平・竹内伝三郎・横田和三郎
三　日戊辰　風　長谷川忠平・又次郎・杉本文太郎・林直・上田貞・林寿賀野松五郎当主妻来賀、五十二より鰹節七本・砂糖年賀為寄送、例歳ニ依る
四　日己巳　晴夕霰、高崎有格・高原庸勝・小寺義門[388]来賀

※好桃楼

守彦大日本製薬会社試験ニ出勤ニ相成

五　日　庚午　晴又陰、佐々木専一・嘉女来賀

六　日　宵未晴、林・省奥・北村充吉来賀、中西・堀・上坂・堀文平・田中信・久保市・河内山・寺嶋・成瀬等へ年賀ニ行、五十二留守武へ年賀、出ス・土田へ菓子一箱添

七　日　壬申　風雪、寺嶋・水上来賀、八田咸斉・横浜宣徳来賀

八　日　癸酉　雪　寒甚、林直本日妻子同伴七尾へ赴任、嘉・ミつ・ます・小芦・外枝・てる来ル、鏡餅直し、毛利・室崎父子来賀

十　日　富山より塩引一尾到来

十一日　丙子　雨　夕横浜・津田・毛利同伴好桃楼ニて酌

十三日　戊寅　快晴、藤懸等・林省三・野崎清次・古道隠居肴菜持参

十四日　岡田・常山・野口・妙慶寺・田辺・林・河波・本多へ年賀行

十六日　辛巳　雪霏《ちらちら》　温敬公三年御霊祭ニ付、尾山社へ拝参

十七日　壬午　夜雪　午後林省方河内山・高原・向井へ年賀ニ行

十八日　東京守彦より来書本月十五日出なり本日より兼て志願の大日本製薬会社技師長永井

(386)正固《かた》　三百石　御馬廻、御近習、元治元年（一八六四）御使番、御側小将御番頭、二等上士、家従、明治二十年六十五歳

(387)福救《とみのり》　十石　割場足軽、砲術稽古で二百玉全部命中で賞せらる、長年の功で市政掛り書吏、史生加り、二等出仕、明治二十年六十六歳

(388)六十俵　殿様の剱術・御太刀御用、文久三年京都より広島出陣、京都より越前葉原へ行き敦賀へ水戸浪士護送、明治二十年四十八歳

勝次郎小松裁判所雇
かき餅搗
勝次郎赴任
墨紙(カ)水上宿
※尾山病院焼失
※香林坊火事
※竪町広見火事

某博士試験所へ出勤ニ相成候旨報知
廿四日 己丑 陰ニ寄寒、朝車ニて中村規三郎方・三田村完形方・古道・八幡宮・野崎・高崎へ年賀ニ行
本日勝次郎小松裁判所雇命らる、日給廿四銭也
廿五日 水上・藤懸来話
廿六日 かき餅搗・仁右衛門・弥平分とも
廿八日 勝次郎松赴任出立
三十一日 兼リヨマチツニ付大衆免へ炎治ニ行、二月六日迄一週間行、無効
二月七日 癸卯 夕雪寒々 棕園・咸斉来話
廿五日 午後水上墨紙(カ)会、赤井・沢村・藤懸相会ス
廿七日 博労町(389)尾山病院等焼失十八軒、焼死壱人女
三月一日 乙丑 幸次郎珠洲郡飯田村へ赴任、今暁出立
五日 夜六時過石浦町香林坊高両三軒焼失
七日 咸斉来話
十二日 今晩三時竪町広ミ後ロ三十軒斗焼失、四時後鎮火
十八日 幸次郎飯田詰中天然痘感染、月末ニ至り快気の旨報知
廿五日 午後藤懸へ墨紙(カ)会、赤井・水上会す
廿七日 今暁七時野田寺町翠雲寺(390)辺両三軒焼失、今午前大河端村二・三軒焼失、同時福久

※鯨肉をもらう

※精米器売払

花盛り

高岡・富山大火

村同断、焼失

廿八日 作太郎飯田へ行、幸次郎追々快気ニ付、本日帰家、廿一日出立、廿五日飯田発足の旨

三十日 梅花盛開

三十一日 吉岡柿・杏接木ニ来ル

四月一日 丙甲 徳蔵餅搗ニ来ル

四　日 午前九時主計町源法院(391)隣より失火、五軒斗類焼

河波より鯨白肉恵まる、一日猟し得たり

八　日 精米器械一切三拾三円ニ売払、今村屋ヘニ付寺崎・森・野崎・唯次郎来会、右代金

残不配当相済小飲

十一日 野口秀発、明十二日上京の旨来報

桜花爛熳、桃秀将《(また)》盛

十七日 高岡大火三百余戸焼失

廿一日 富山九百八十戸余焼失

廿三日 勝次郎小松より帰省の旨ニて来泊

---

(389)明治十八年二月金沢市博労町に開設された私立病院、院長は田中信吾

(390)金沢市寺町、天台宗、寒松山、明治八年珠洲郡三崎高勝寺の遺址に移り、十七年災にかかり三十五年再建、木造弥勒陀座像は平安朝作とされるが大破している。

(391)金沢市主計町、臨川山、真言宗、元和三年（一六八三）建立、木彫の薬師如来像は九世紀頃の特徴を有すると言われている。

藤田引越

※招魂祭催物見物雑沓

守直帰省到着

宮腰浜遊び

茶初摘

河内山蜂分巣

廿六日　指綱鰯初て来ル、藤田近々小松へ移住ニ付贐《はなむけ》として照等へ鶏卵廿一、菓子末広一箱松雄へ縞袷表裏とも代壱円遣し候事

三十日　照暇乞ニ来、淳平も各酒飯

五月一日丙寅　冷雨凄々、藤田今日小松移住発足の所、雨を以延引

二　日丁卯　小陰、午前七時藤田出立、松城へ弥平、木呂場迄車ニ行、後四時帰ル

六　日　公園招魂祭、撃剣・角力・今様・能両新地芸妓手踊等興行、営所内縦覧、三州より来観雑沓

守直八日東京発出沢の旨来報

十三日　朝晴、午後三時守直到着、野口秀発同伴、下街道通り佳

十四日　きそ前七時発車小松へ行中本弥平同行　此頃今様能興行中也

十六日　守直小松勝尾へ行

十九日　守直・きそ同行小松より帰ル

朝八時よりなか・みつ・ます・小作嘉一・初・末同伴宮腰へ浜遊び、仲等一同宮腰浜初て見物

廿二日　茶初摘、守直七尾小坂へ行

廿六日　河内山蜂分巣一箇引受候事

本月十二日海水取寄セ中本口添かね・自分入浴、一週間ニて休息

三十日　東京五十二留守より本月廿六日書状を以、先考十三回忌備物料として三円到来、

※小松軒

信義本県収税属拝命帰郷

謝書早速指出ス

六月一日 丁酉 晴 守直七尾より帰省

四 日 藤田父子・照・松雄来泊、六日暁勝次郎帰松

六 日 拙処様拾三回忌ニ付内仏ニて茶湯、妙慶寺和尚上田永貞・守直・守時・嘉・照・作太郎・橘太郎・又次郎等来ル、徳蔵・大野うは等出入のもの来ル、弥平・仁右衛門等四人・嘉一・越村婆とはつ・末料理

八 日 小松軒ニて守直より寺嶋・阿波・杉村・長連孝・唯次郎招飲自分持病不参

十 日 守直帰浜発車、小松へ行滞留、十三日重て出沢、同行り都合より下街道通り上京ニ付、十四日早朝出立の旨ニて立寄り、出立前自分初メ一家属(族)へ留別贈物銘々ニあり

十五日 桑葉払壱〆目ニ付代拾壱銭也

十六日 信義本県収税属命られ候ニ付、十二日東京出立今日到着也、専属ハ跡よりの由、下街道通り直江津より汽船、伏木上陸の旨

廿一日 守直上州横川よりの端書到来

廿二日 蜂巣分三田村へ遣ス

廿五日 三田村蜂退散

三十日 兵九郎麦刈ニ来ル、仁右衛門手伝

七月二日 戊辰 嘉茶もミに来ル

三 日 杏・枇杷払六十銭也 与兵衛来ル

四　日　土谷鉄次郎養父病気願を以帰省
五　日　前田兵太郎歿ス六十六歳
七　日　棕園・咸斉来話
十三日　信義筆師松本へ同居約定、一ケ月壱円九拾銭也
十五日　淳平昨日出沢の旨ニて来ル
　兼同伴墓参
十七日　五十二墓参帰省の旨、高岡より電報ニ付、柳橋迄迎ニ行、同人妻并妻おば鈴木後
　室観月同伴、午後着沢
十八日　五十二夫婦来訪、土産として自分へ金七円、きそへ拾円、外姉ともへも同断、省
　三へ五円と申事　大暑
十九日　五十二鍔甚楼(392)ニて宴会、親戚招飲、頗る盛宴なり
廿　日　土用ニ入、夕五十二暇乞ニ来ル、熨斗迄出ス
廿一日　五十二旅宿川端迄見立ニ行、省三奥等姉妹松任迄行、野崎清次大坂より帰家の旨
　ニて来、同人せかれ大坂在営ニ付
廿三日　津田慎康夫富山へ移住の旨ニて暇乞ニ来ル
廿五日　野崎仙太郎大坂より帰省ニ付、来訪
廿六日　五十二今日東着の旨電報、長途航海無異の由
廿七日　石黒金吾明日東京へ上途の旨ニて暇乞ニ来ル

五十二帰省

※鍔甚楼

※浅ノ川大橋川原花火

※ごりや

※椰子実

廿八日　信義今日より松本へ同居、淳平三十日帰松の旨来報
三十日　今夜より浅の川大橋川原ニて花火揚ル
三十一日　林直暑中休暇帰省、来訪、八月八日帰任
八月九日　白井巽明朝東京へ出立の旨来報
十四日　関兵次郎三回忌追福の旨横地辰之助等発起ニ付、香奠弐拾銭持参、唯次郎代参
廿一日　寺嶋・武同伴散歩、上一(393)銭橋ごりや(394)にて鰻・鱸《すずき》・こり汁ニて一酌、帰途橋場ニて
大女見物伊勢国産と云
廿六日　教導団生徒試験ニ付、幸次郎七尾へ出張、直様帰省
九月三日　勝次郎出沢・来泊、五日帰松
十四日　夕景照出沢着
十八日　午後尾山・尾崎・豊国三社へ持参車ニて
廿　日　作太郎今朝富山へ出立
廿三日　尾山社招魂祭、余興・撃剣・今様能見物
廿八日　横浜土田より椰子実二個・桜ひしほ到来

(392)金沢市寺町、宝暦二年（一七五二）開業の老舗料亭、慶応三年（一八六七）英国公使パークスと共に来藩したアーネスト・サトウ一行が七尾から通過の折立寄っている。
(393)現在の浅の川にかかる常盤橋の事か。
(394)浅野川常盤橋傍卯辰山側の川魚料亭で、平成二十二年（二〇一〇）閉店、創業二百数十年とか。

※掛作り新道

※大亀をもらう

三十日　新町(395)より掛作りへの新道落成、開道式あり

十月一日　淳平昨日出沢ニ付来話

五　日　津田慎康・毛利祐順来話

七　日　咸斉来話

富山へ天ノ網二反・柿実・胡桃指出ス

九　日　仲等初又次郎同道河内山持山へ茸捕ニ行、林おとよ前夜男子出産

十七日　午前今様見物の心得ニて仕度の内、台司連子より転蹶《けつ》怪我、全身痛疼動作不叶、唯次郎藤本へ懸付同人来診の所、別段肋骨破損ハ之無旨ニて、投剤数日大難儀、親戚知音日々来訪、一週間を経て猶身躰動作得不

廿四日　文部大臣森(396)有礼来着、高等中学校建設ニ付地所等巡視の旨

廿五日　魚津より大亀目形四百五十目也贈り来ル

三十日　安江(397)八幡宮九百五十歳霊祭ハ、輿巡行五日間の祭式、今晩信義・唯当招集、大亀賞翫小飲

十一月五日　文部大臣今日出発

七　日　棕園・咸斉来話

十　日　信義今朝七時出立、能州巡廻

十三日　幸次郎入団申来ル、十五日幸次郎富山へ出立

十七日　赤井老人昨日の御膳下焼物持参恵まれ、早速拝味

廿　日　上田貞裝羽喰（咋）郡用掛ニ転職月給拾円也　明朝赴任の旨

廿二日　幸次郎富山より帰宅

廿七日　幸次郎東京へ出立、独行、幸次郎本月一日横浜へ到着、七日鴻ノ台営所へ入団の旨報知

十二月廿一日　林直石川県属第一部勧業課勤務命らる、判任官八等任月給廿円也

廿五日　餅搗、積雪三寸斗

廿八日　林直妻子引纏メ帰宅

三十日　作太郎富山より帰家、守脩より弐拾円の送金中使手前にて紛失、廿六日円三郎へ渡候分の由

廿四日　利嗣様従三位御昇進

同日、土田鉄雄任神奈川県五等技師

奏任官五等賜、中級俸神奈川県二等技手土田鉄雄

廿一日病後初テ浴場宅風呂桶にて

利嗣様御昇進

(395)旧下新町久保市神社前通りから橋場町浅の川大橋通りへの道

(396)薩摩藩士、藩校造士館で学び、上野景範に英学を学ぶ。元治元年開成所へ入り翌年英国留学、明治三年徴士、外国官権判事、公議所議長心得、明治三年アメリカ駐在、外務大丞、同少輔、清国公使、外務大輔、明六社結成、同十二年英国公使、同十八年文部大臣、四十三歳亡

(397)金沢市鍛治町、現此花町にあり俗に鍛治八幡と呼ばれている。

明治二十一年戊子

一　日　風雪寄寒、守脩本月福井勧解吏ニ転職・多忙ニ付帰省せす、一家祝盃、照女越年、勝次郎帰省来泊、三日帰松
四　日　夜九時信義巡廻より帰宿
七　日　今坂甚作昨日より来泊
八　日　江間謙治来診
十　日　作太郎魚津へ発足
十四日　年頭祝儀、五十二へ五□鯣五ワ、土田三ワ・武三ワ指出候事
十六日　嘉女・唯等招飲、鏡餅祝
十八日　淳平帰松、十八日夕守脩帰省、福井移住ニ付
廿二日　積雪尺至
廿四日　守脩福井赴任出立、午後十時発
廿五日　かき餅搗、五十二より砂糖五百目・勝魚七本到来、例依
三十一日　作太郎富山より帰家
二月二日　積雪尺余
四　日　立春、積弐尺至
十　日　勝次郎来泊、十二日帰松

※美川鯨猟味悪し

※鯨風味良

十四日　作太郎福井へ出立
十六日　作太郎今朝福井出立の旨延引、廿四日帰家
廿五日　美川ニて鯨猟、九尋なるを得たり、風味甚悪し
三月七日　朝小雪、椋園来話
八　日　美川ニて鯨猟し得たり
十八日　小川清太郎本復、来訪
林善三郎・高橋(398)九思郎婿養子、四月五日引移り
廿二日　美川ニて鯨猟、廿九日又得たり、風味至極善良、柔美脂肪同断
廿九日　午時後照女出産、女子出生、名義、出産手間取ル
三十一日　勝次郎来泊、淳平来
信義非職命らる
四月一日　壬寅
二　日　癸卯晴、勝次郎朝五時出立、帰松
七　日　梅花満開、阿波・山本不参
十　日　今日より博覧会開館、終日雨粛々夜至
十三日　病後初て町風呂へ入浴、兼同伴、桜花爛熳

---

(398)定益《ます》　二百石　弾薬調理役、元治元年・慶応二年京都詰、明治元年越後・奥州出陣、三等上士、伍長、明治二十一年四十六歳

十五日 風雨、花盛惜べし、富山より水上善平カナリヤ送り越ス、賃拾銭、松雄才判所横迄運ひ行、一同一驚

廿二日 小松鈴木平五郎来訪

廿三日 今朝作太郎山林区署書記藤金三郎寓居へ行面会、試験ニ付聞合也

廿四日 大脇康之助明後日発足上京の旨来報、東京せかれより移住申越候よし

廿五日 快晴、指綱鰯初て来ル

廿六日 雨粛々、冷気

廿七日 松雄腹満不快、晩景照女尾山病院へ召連藤本診察、腎臓病と云、猶明朝再診すへしと云

廿八日 藤本再診、弥腎臓筋腫と云、惣身浮腫ニ便通しあしゝと云

廿九日 林省奥松見舞ニ来、嘉女も来訪

三十日 松雄病躰報知ニ付、淳平出沢来訪、河内山奥来、藤田茂子初着出来遣ス、岸縞裏表も、代壱円六十五銭也

五月一日 壬申 藤本来診、松尾同変淳平・嘉女来

二日 淳平来、白銀町中村妻来、松尾一昨夜より熱発強し、松尾発散通しよし、藤本来診

三日 指綱鰯夥し来ル、淳平連日来訪、嘉来、三田村定形来、兼・嘉等同道招魂祭見物、朝十時頃よりきそ・てる・仲・小作同伴出羽町練兵場ニて競馬見物ニ行、諧行社[399]ニて刀剱書画展覧会見物ニ行、兼も縦覧ニ行

九　日　爽晴、浴湯、藤本来診、淳平荷物認促帰装
十一日　作太郎今朝県庁測候所試験ニ出、林直周旋
五月暁天疾雷迅雨、勝尾おとよ次男文次郎同伴来宿
　同日河内山又次郎九日夕景より他行姿蹲跡不知
十三日　照・松雄・淳平同伴帰松
　殿町ト一方同居吉井家内帰郷の旨ニて来訪、先年来富山詰の由、菓子持参
十九日　河内山蜂ノ巣わかる、一巣貰受、林直・藤本来
廿二日　林直昨朝金平へ出張、兼古道へ行、作太郎測候見習方として今日より出仕、月給
　五円給与、右ニ付赤飯送る
廿六日　中村小太郎・多田吉太郎・藤懸来、福井送金拾弐円五拾銭到来
三十日　橘太郎今朝東京へ脱走の躰、経日来報あり
三十一日　同賀田中佐死去、会葬夥し、今午後高井娘おたづ来訪
六月五日　晴色洗如、兼妙慶寺へ行、明日逮夜ニ付和尚招待、夕景妙慶寺逮夜ニ付読経、津田
　慎康・水上訪訪
七　日　墓参、直ニ藤懸・岡田常山・小川仙之助・毛利へ病中の返礼、高原明日帰松の旨、
　夕河波・山本来話

（399）廃藩後城址は軍隊に引き継がれ、連隊本部は旧二の丸、諧行社は将校達の社交場・酒保・成巽閣前の建物

※カステーラを赤井へ

再度躓《つまずく》

九　日　入梅、馬場戎坐ニて今様能見物、三田村子供仲等見物ニ行、古道隠居来訪

二十日　水上・赤井へカステーラ持参、三田村・野崎・藤本等病中返礼ニ行

廿二日　林直来、藤懸来、嘉来

廿四日　寺嶋来

廿五日　洗湯再応顛躩《たおれはやく》歩行出来不、藤本来診、此後冬至歩行叶不

六　月　河内山蜂巣分隊、林直来、信義鶴来帰ル、五泊

七　月　梅雨連日

十　日　昨日来大雨出水

十六日　淳平出沢、松雄同伴、井戸掃除、寺嶋来、淳平来、野口秀発息《足》、帰省ニ付来訪

十七日　佐野霜姉接骨療養ニ来ル、はき薬を用ゆ、津田慎康紹介

廿一日　省三来、藤本来診

廿二日　守脩福井より帰省、今朝福井出立、晩景到着

廿四日　東京五十二より例の通鰹節七本例の通到来、淳平来

廿五日　勝次郎出沢到着、水上来訪、行山来訪、勝次郎出立帰松、松雄滞留

廿八日　夕戎座へ仲・ミつ等手躍見物ニ行

廿九日　中村小太郎・杉本文太郎・林寿賀野来訪、佐野診治、八月一日同断

八月二日　藤懸・佐々木・行山・林直来訪

池部おなつ一両日中発足、阿州へ帰省の旨暇乞ニ来

信吉鉄道会社出頭

三　日　三田村老母先日来駒次郎方朝拝の所、今日帰家の旨
六　日　石黒金吾此間帰省の旨ニて帰来訪、三田村より大鯛到来、脩帰省ニ付
七　日　横浜宣徳昨夕出沢の旨ニて来
十　日　淳平帰松の旨、松雄願置旨、寺嶋・林直来
十四日　清暑・横浜・毛利同道来訪、小話、寺嶋来
十七日　今暁出立、守脩福井帰庁、夕四時後到着の旨
　久田米三郎息帰省の旨ニて来訪、藤懸来訪
廿三日　上田貞裝来、林省三奥来
廿八日　此頃清涼虫語頻ニ促、秋候秋気ニ清天浄
九　月　快晴、林寿賀野来
二　日　武信義県庁前広坂通六十五番地へ転宅
三　日　昨日東京信吉より幸便ニて、八月廿日東京鉄道会社見習生出頭命せられ、見習中
　手当為月給四円五拾銭給与の旨、同学今三三郎周旋のよし来報
七　日　今午後四時直江津より電報、今七日夜直江津へ着、明八日着沢の旨報知
八　日　午後六時母・義敏并義雄別条無到着、一家四人来宿、今午後例会、河波来話、カ
　□サイ欠席、河内山奥来
十六日　信義役場へ呼立
十八日　淳平出沢、中村小太郎来訪

※大塩平八郎
※吉田松陰
※尊念親王

本月十日　水島・粟津屋来訪、大塩後素[400]・吉田松陰[401]・尊念親王等書見示
九月八日　敏来、野崎信義等来、勝次郎出沢、九月廿九日
廿二日　今日きそ・松雄同伴藤田墓所へ参詣、勝次郎并淳平高原同道墓参、高橋善三郎上京ニ付暇乞ニ来
十月七日　今暁四時守彦出立、福井へ一泊上京、藤懸来訪
十一日　兼レウマチス難儀、藤本来診、自分嘉・敏・唯次郎来訪
十八日　田中信吾兼診察ニ来、岡田常山来訪、水上来訪、毛利来、阿波来、嘉・敏日々来、寺嶋岸駒公筠画幅来示
廿四日　表具屋修覆(復)ものニ来ル
廿五日　出咸斉来訪
廿八日　今暁はつ高岡須田へ見舞ニ行、三十日高岡より帰ル、藤懸来訪
昨日富より前田則邦妻来訪菓子持参
三十日　大谷光瑩師巡廻、今日来着、成瀬正居妻来
十一月一日　きそ今朝小松へ行、照歯痛ニ付
二　日　今朝林故助大夫妻死亡、卒中風七十六歳也
四　日　石黒お弘女来訪、森乙作・野崎清次来
七　日　阿波吟談来訪、信義福井来書
十三日　強雨、上坂堺土塀頽ル、明日より土塀築直し等

旧暦十月二十日也

二十二年己丑
不謬《びゅう》（誤り）ならずや
彦曰

十四日　寺嶋来、嘉・敏来

十六日　信義来、淳平帰松

十九日　兼古道へ見舞ニ行

廿二日　藤懸来話

廿三日　旧暦十月二十日ニ当ル、西風

明治二十一（ママ）年戊寅一月一日

晴賀年

富山水上喜平より鮭塩引一尾贈らる、甘口、河内山内り舞鶴一袋・すえ・仁右衛門家内より

(400)平八郎・中斉　大坂町奉行所与力、儒学者、十三・四歳から見習として出仕、三十八歳退職まで吏務に精励、度々難事件を処理し名与力と言わる。槍術にすぐれ、陽明学を修め、頼山陽から「小陽明」と称され学塾洗心洞を開き教授、天保七年（一八三六）大飢饉で餓死者続出、救済策を上申したが身分不当とされ、自分蔵書を売り救済に当てた。ひそかに近在農村に挙兵の檄文をまき決起したが失敗、潜伏中幕吏の包囲中自刃、四十五歳

(401)長州藩士、兵学師範、山鹿流兵学師範吉田家を継ぐ、禄五十七石六斗、十一歳の時藩主毛利敬親に「武教全書」を講じた。嘉永三年（一八五〇）二十歳の時九州遊歴、翌年江戸で安積艮斉・山鹿素水・佐久間象山に学び、東北遊歴し亡命の罪で士籍・禄を除かる、象山のすすめで長崎来泊中の口艦で外国行を決行し失敗。安政元年（一八五四）米艦で決行を試み拒否され投獄、後生家の杉家に幽閉、松下村塾を開き、久坂玄瑞・高杉晋作・伊藤博文・山縣有朋その他勤王討幕維新の大業に貢献し、明治新政府で活躍の多くのすばらしい人物を輩出した、安政六年（一八五九）三十歳刑死

※福井火事

乳母死去

森大蔵大臣有礼

二　日　長谷川忠平・佐々木・堀文平・行山辰四郎・上坂千景・中西吉太・林寿賀野・淳平・宮崎金太郎・高崎有格、今暁福井六十軒全焼失、堀直義・高原・白江厚次・森乙作・乃野おさえ・武敏・林義一郎・小坂他丑

八　日　餅直し、波波来賀

九　日　嘉・敏来賀、餅直し、野崎来賀・紀堂来賀・成咸来賀・森乙作来賀・妙慶寺来賀

十六日　正二位公尾山五年祭

深谷晴重按腹来脚痛所治療、麦屋乳母俄ニ煩出ス、医療及不此夜死去、右ニ付廿四日唯次郎・大野五宝屋伝四郎方へ早朝引合ニ行、談議所へ火葬す、今年六拾六歳

二月二日　節分、三田村定形来訪、杉本文太郎来賀、林直下金石へ出張、去暮来出役

十二日　文部大臣斬殺せらる、西野文太郎即時ニ誅伐せらる

過日来毎々鯨猟あり、波波恵まる、肉甚美なり

山本咸斉来、波波鯨鯨肉恵まる、味甚美也

おかや□□屋けいこ故破烈、即死拾余人、負傷人数人あり

廿三・四日、三日招魂祭、祭ニ付金全市中大繁昌、全狂如

廿四日　今晩林省三病死、六十三歳、義一郎俄ニ帰京

榊原家・河内山家 略系図

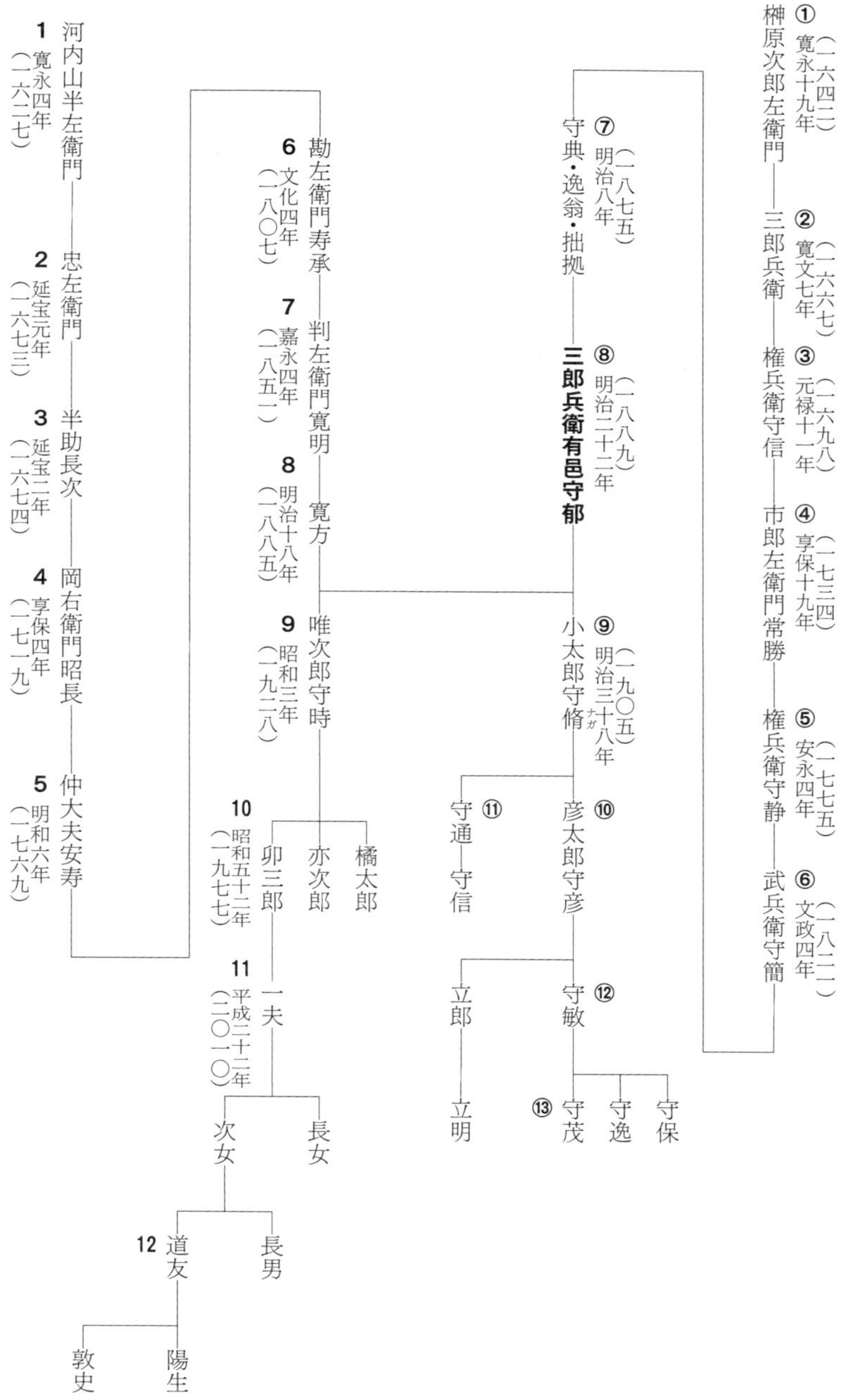

（榊原守逸・守保両氏との聞取りにより作成）

「表紙」
明治三年（一八七〇）

由緒并一類付帳

榊原三郎兵衛

元知行高百三拾石　本国相知不申本姓源氏と承伝申候

一、給禄高八拾七俵　御国出生五十六歳

弐斗六升九合

榊原三郎兵衛　有邑《さと》

私儀本組与力榊原三郎兵衛嫡子ニ御座候処、安政四年六月異国船御手当御先手物頭沢村恒右衛門等手合御雇御用仰付られ、相勤罷在候処、同五年十月父三郎兵衛小松御馬廻仰付られ候ニ付、右御雇御用指除かれ、同六年小松表へ引越申候、文久元年正月年頭御礼人出府中、跡御番御雇仰付られ、同二月右御雇御用相済、同月十日父三郎兵衛隠居仰付られ、隠居料として本高の内五拾石下之され、残知百三拾石私へ家督相続仰付られ、同月御番入仰渡され、同三年五月小松銃卒奉行仰付られ、同六月同所町奉行加り仰付られ、相勤罷在候処、同十一月御詮議の趣有之趣、銃卒奉行等免られ候、元治元年五月京都御守衛兵士指引役仰付られ、上京相勤罷在候処、六月、稠松様御抱守仰付られ、組外へ指加られ同七月罷帰申候、同年九月富山表へ相詰、慶応元年九月交代仕罷帰候、同二年富山詰交代仰渡され、三月出立相詰、同三年三月交代仕罷帰候処、同年八月御勝手方御用仰付られ、産物方御用兼帯仰付られ、同年十月交代として大坂表へ相詰候、同十一月寄合御馬廻仰付らる、明治元年二月大坂表に於て探索御用兼帯仰渡され、相勤罷在候

処、病気ニ付御暇奉願、同三月罷帰申候処、閏四月、稠松様御抱守帰役仰付られ、当秋富山詰仰渡され候処、同年八月徴士越後府権判事仰付られ候段、行政官よりの御沙汰書ヲ以仰渡され、同九月越後へ罷越、三条等民政御用相勤罷在申候処、同二年三月是迄の職務免られ候間、御用向引送候上東京へ罷出べき旨、行政官よりの御沙汰書ヲ以、知府事壬生少将殿仰渡され候ニ付、直様罷出べき筈ニ候得共、老父対面のため一先帰省仕度段歎願仕候処、知府事殿御聞届ニ付、同四月帰省仕候、然処六月行政官より結構の御沙汰書ヲ以、布壱疋・金五拾両下賜、徴士免られ候旨仰渡され、三等上士へ指加られ、同七月橋爪御門へ御番入仰渡され、同八月六日能美郡宰一等上士仰付られ相勤罷仕候処、同十月廿日今般職制御改正ニ付、職務免られ候旨仰渡され、同十一月士族長支配指加られ候

一、七世の祖父　榊原故次郎左衛門　実名相知申さず候

次郎左衛門儀、今枝故宗二方ニ知行弐百五拾石ニて罷在候処、寛永十九年（一六四二）三月病死仕候

一、七世の祖母　由緒承伝申さず候

明暦三年（一六五七）十一月病死仕候

一、六世の祖父　榊原故三郎兵衛　実名相知申さず候

三郎兵衛儀、次郎左衛門嫡子ニ御座候処、慶安年中今枝故民部与力召出され、御知行三百石拝領仕相勤罷在候処、寛文七年（一六六七）六月病死仕候

一、六世の祖母　長故大隅守家来給人 小川故藤左衛門娘

貞享元年（一六八四）五月病死仕候

一、五世の祖父　　　　　　　　　　榊原故権兵衛　守信

権兵衛儀、故次郎左衛門次男故権兵衛嫡子ニ御座候処、寛文八年（一六六八）四月今枝故信斉与力召出され、御知行弐百石拝領仕相勤罷在候処、元禄十一年（一六九八）二月病死仕候、次郎左衛門次男

故権兵衛儀ハ、今枝故信斉方ニ知行百石ニて罷在候処、万治二年（一六五九）二月病死仕候

一、五世の祖母　　　　　　　本多故安房守家来給人　三宅故牛之助娘

享保十七年（一七三二）六月病死仕候

一、高祖父　　　　　　　　　　榊原故市郎左衛門　常勝

市郎左衛門儀、今枝故民部与力知の内二ノ一明知百五拾石有之候ニ付、奉願候処、元禄三年（一六九〇）十月民部願の通与力召出され、御知行百五拾石拝領仕、自他国御用品々相勤、享保十九年（一七三四）九月病死仕候

一、高祖母　　　　　　　　御当地浪人　山内故理兵衛娘

享保十九年（一七三四）六月病死仕候

一、曽祖父　　　　　　　　　　榊原故権兵衛　守静

権兵衛儀、実ハ今枝故民部家来給人阿岸故惣左衛門嫡子ニ御座候処、享保十三年（一七二八）五月榊原故市郎左衛門養子罷成、延享三年（一七四六）民部願の通与力召出され、御知行百五拾石拝領仕、河北御門へ御番入仰渡され、其後数役御用相勤、江戸表に於て御金調達御用仰渡され、江戸御供等数度相勤、安永四年（一七七五）九月病死仕候

一、曽祖母　　　　　前田故土佐守家来給人　本間故為兵衛娘

享和元年十一月病死仕候

一、祖父　　榊原故武兵衛　守簡

武兵衛儀、安永五年（一七七六）五月父権兵衛名跡として召出され、御知行百五拾石拝領仕、河北御門へ御番入仰渡され、其後品々御役義仰付られ、自他国御用等相勤、天明六年（一七八六）九月寺社御奉行支配方取次仰付られ、寛政八年（一七九六）寺社方取次并明知代官兼帯仰付られ、享和三年（一八〇三）寺社方取次并明知代官兼帯指除らる、文化三年（一八〇六）寺社方破損修理才許并道橋方暨外作事方兼帯仰付られ、同五年江戸御下屋敷御用へ転役仰付られ、其後度々相詰、御紋付御上下并御染物等度々拝領仕、文政元年（一八一八）九月数十年御用相勤、当御役仰付られ置候処、情ニ入実躰相勤候ニ付格別の趣ヲ以本組与力仰付られ、只今迄の通相勤べき旨仰渡され相勤罷在候処、同四年（一八二一）六月江戸表に於て病死仕候

一、祖母　　長故大隅守家来給人　八十嶋故丈左衛門妹

安永五年奉願縁組申合候処、天保三年（一八三二）閏十一月病死仕候

一、父　　榊原逸翁　守典

逸翁儀、実ハ本多故播磨守家来給人上田故八百記弟ニ御座候処、文化三年（一八〇六）九月奉願保組与力榊原故武兵衛養女へ婿養子罷成、文政四年（一八二一）十二月亡養父武兵衛跡目として召出され、遺知百五拾石相違無く拝領仕、本組与力仰付られ、石川御門へ御番入仰渡され、同五年八月当国盗賊改方御用加人仰渡され、同七年御台所御賄方御用加人仰渡され、同年公事場付御用仰付られ、同十二年三月、御参勤御道中御跡御荷物才許、江戸において小払所御用仰渡され相勤申候処、天保元年（一

八三〇）六月寺社御奉行支配方取次并明知代官兼帯役仰付られ、同年八月江戸表交代罷帰、右御用相勤罷在候処、弘化三年（一八四六）五月寺社方取次并明知代官兼帯仰付られ、御代々様御法事御用等度々相勤、御染物等数度拝領仕、嘉永五年（一八五二）五月寺社方御用久々入情相勤候旨ニて三拾石御加増仰付らる、安政五年（一八五八）十月数十年役義相勤御用立候ニ付、小松御馬廻仰付られ、小松表へ引越御番相勤罷在候処、文久元年（一八六一）二月極老ニ及候迄、役義等相勤候ニ付、隠居仰付られ隠居料として本高の内五拾石下之され候、奉願名逸翁と相改、惣髪ニ仕候

一、母　榊原故武兵衛養女

実ハ奥村故丹後守家来給人斉藤故与右衛門娘ニて、祖父武兵衛外孫ニ御座候処、養女ニ奉願候、文化十二年（一八一五）九月病死仕候

一、養母　長故甲斐守自分仕与力 山田故六老左衛門妹

文化十四年（一八一七）奉願再縁申合候継母ニ御座候得共、養母ニ相立申候、慶応二年（一八六六）九月病死

一、妻　元組外隠居 林故三郎斉娘

天保十年（一八三九）縁組奉願候処、願の通仰出られ候

一、嫡子　榊原小太郎

小太郎儀、慶応元年（一八六五）五月新番組御歩召出され、明治二年（一八六九）四月三等上士指加られ、御役義等相勤申候

一、同人妻　少属皇学教師 石黒嘉左衛門娘

万延元年縁組奉願候処、願の通仰出られ候

一、嫡孫　榊原小太郎せかれ　榊原彦太郎

一、娘　手前ニ罷在候　壱人

一、孫女　榊原小太郎手前ニ罷在候　弐人

一、次男　河内山唯次郎

唯次郎儀、慶応元年（一八六五）閏五月新兵組召出され、其後御筒調理役等相勤申候、明治二年（一八六九）八月三等上士河内山隼人娘へ婿養子願の通仰出され候

一、娘　史生刑法掛　三田村新七妻

文久二年（一八六三）縁組奉願候処、願の通仰出され嫁娶仕候

一、姉　石黒嘉左衛門妻

文政七年（一八二四）縁組奉願候処、願の通仰出され嫁娶仕候

一、実弟　土田源四郎

源四郎儀ハ父逸翁四男ニ御座候処、天保十一年（一八四〇）明組与力土田故次郎左衛門末期養子願の通召出され、明治二年（一八六九）九月三等上士指加られ候

一、外孫　三田村新七せかれ　三田村作太郎

一、同　河内山唯次郎せかれ　河内山橘太郎

一、奥実方おは　田井神主　高井従五位母

従五位母ハ奥村故丹後守家来給人斉藤故与右衛門娘ニ御座候、与右衛門妻へ祖父武兵衛娘ニ御座候

一、おい　石黒喜左衛門嫡子　石黒右門

一、同　同人次男　石黒五十二

一、めい　家扶　林省三妻

一、同　輜重補長　石黒三八妻

省三等妻ハ石黒嘉左衛門娘ニ御座候

一、実おい　土田源四郎せかれ　土田鉄雄

一、実めい　同人娘手前ニ罷在候　弐人

一、父養方　実いとこ　士族　林　繁

繁儀ハ父逸翁養方実兄林故作五郎五男ニ御座候処、作五郎嫡子本組与力林故助大夫末期養子願の通
召出され候

一、父養方　いとこ　士族　上田清右衛門

清右衛門儀、父逸翁実兄上田故八百記せかれニ御座候

一、同　同　上田清右衛門手前罷在候妹　壱人

一、同　同　士族　寺尾主計妻

主計妻ハ清右衛門姉ニ御座候

一、養いとこ　士族　河井三平妻

三平妻実ハ父逸翁実兄上田故幻斉惣領娘ニ御座候処、上田故八百記養女ニ仕縁組申合候

一、同いとこ　静岡藩士　上田閑江

閑江儀、上田故八百記弟上田故幻斉二男ニ御座候処、徳川家家臣ニ罷成、静岡在住罷在申候

一、同 同 上田閑江弟 上田乙鉄郎

一、同 同 同 上田虎之助

右乙鉄郎当母対面の為、当時閑江方へ罷越居申候

一、同 同 士族 増田御調妻

一、同 同 金沢社家 上田蔵多妻

御調等妻ハ上田故幻斉娘ニ御座候処、蔵多妻ハ上田清右衛門養妹仕、縁組申合候

一、同 同 本多故播磨守家来給人 泉沢弥太郎

弥太郎儀、上田故幻斉嫡子ニ御座候処、泉沢故弥五右衛門名跡申付られ候処、文久元年出奔仕、行衛相知不申候

一、母実方 いとこ 士族 中村五郎養母

一、同 同 士族 篠井源五右衛門母

一、同 同 士族 斉藤与右衛門母

五郎養母等ハ斉藤故兵右衛門娘ニ御座候、兵右衛門儀ハ斉藤故与右衛門せかれニて、奥村故丹後守家来給人ニ御座候処、組外へ召出され然処、不届の趣有之越中五ケ山の内へ流刑仰付られ、彼地ニ於て病死仕候

一、同 同 高井従五位

一、同 実いとこ 士族 上原勘十郎

勘十郎儀、高井従五位ニ御座候処、定番御歩上原故宇兵衛養子罷成申候
一、宗旨は浄土宗、寺は寺町妙慶寺ニ御座候、右私先祖由緒并一類如斯御座候、此外御国他国共同姓同苗
近親類縁者御座無候　以上
明治三年十月　榊原三郎兵衛（印）花押

「表紙」
明治五年（一八七二）
先祖由緒并一類付帳
河内山唯次郎
一、九拾壱俵　三斗壱升八合
本国相知申さす金沢出生　壬申歳二十五
河内山唯次郎
私儀、実は、前田慶寧家臣一等上士榊原守郁次男ニ御座候処、慶応元年閏五月新兵組申付られ、宛行並の通り給り、其後西京御警衛のため数度相詰、明治二年七月同家臣三等上士河内山寛方娘へ婿養子罷成、同年新兵組廃せられ、右宛行指除かれ、其後品々役義相勤、同五年十一月養父寛方隠居、願の通御聞届、私へ家督相違無相続命られ、給禄前書の通下賜候
一、八世の祖父　河内山半左衛門
前田為継より知行弐百石給、足軽弐拾人預り罷在、佐々内蔵助と一戦の砌、戦功有之、其後前田又次郎関東陣、并八王子城攻等度々戦功有之由申伝候、朝鮮陣の砌陳所ニて前田利家へ呼出され、前田利

長・利常三代へ召仕られ、寛永四年（一六二七）六月病死仕候

一、八世の祖母　　由緒承伝申さす候

死去年号相知申さす候

一、七世の祖父　　河内山忠左衛門

前田利常代大坂冬陣の砌呼出され、新知百石給り、寛永五年（一六二八）二月亡父半左衛門遣知弐百石相違無相続、新知百石は指除かれ、延宝元年（一六七三）六月病死仕候

一、七世の祖母　　河合故五右衛門娘

死去年月相知申さす、五右衛門儀は前田又次郎家臣ニ御座候

一、六世の祖父　　河内山半助　長次

前田利常代寛永八年（一六三一）十一月手廻ニ呼出され、新知百弐拾石給、定番馬廻ニ指加られ、前田綱紀代延宝元年（一六七三）亡父忠左衛門遣知弐百石相違無相続、新知百弐拾石は指除かれ、同二年（一六七四）九月病死

一、六世の祖母　　菊田伊兵衛娘

元禄十三年（一七〇〇）病死仕候

一、五世の祖父　　河内山岡右衛門昭長

実は河内山半助弟小幡右京与力近藤杢右衛門せかれニ御座候処、前田綱紀代寛文五年（一六六五）父方おち河内山半助養子ニ罷成、延宝三年（一六七五）七月亡養父半助跡目として遣知弐百石の内、幼少ニ付三ノ一六拾石給、同五年三月残知百四拾石引足、都合弐百石相続、定番馬廻へ指加られ、

其後品々役義相勤、享保四年（一七一九）二月病死仕候

一、五世の祖母　定番馬廻 菊田長右衛門娘

正徳二年（一七一二）病死仕候

一、高祖父　河内山仲大夫安寿

前田綱紀代享保五年（一七二〇）八月、亡父跡目として遣知弐百石相違無相続申付られ、定番馬廻指加られ、其後数役相勤、明和六年（一七六九）十二月病死仕候

一、高祖母　執政支配 渡辺喜左衛門姉

安永元年（一七七二）病死仕候

一、曽祖父　河内山勘左衛門寿承

実は前田宗辰執政村井豊後守家臣、広瀬伝左衛門次男ニ御座候処、前田重煕代延享四年（一七四七）、父方おち馬廻組河内山仲大夫娘へ婿養子罷成、明和七年（一七七〇）七月亡養父仲大夫跡目として遣知弐百石相違無相続、馬廻組へ指加られ、文化四年（一八〇七）八月病死仕候

一、曽祖母　定番馬廻 今村次郎左衛門娘

勘左衛門先妻は仲大夫娘ニ御座候処、宝暦三年（一七五三）病死仕候ニ付、同年再縁申合候処、文政三年（一八二〇）九月病死仕候

一、祖父　河内山判左衛門寛明

勘左衛門四男ニ御座候処、前田斉広代享和二年（一八〇二）十月新番組呼出され、宛行格の通給、天保七年（一八三六）十二月新番小頭申付られ、新知百五拾石外役料知五拾石給、此迄の宛行は指

除かれ、天保十四年（一八四三）三月数十年武芸心懸厚、老年ニ及候迄懈怠無入情致候趣を以、五拾石加増知申付られ、先知都合弐百石給、組外へ指加られ、只今迄給候役料知は指除かれ、嘉永四年（一八五一）病死仕候

一、祖母　由緒御座無候

万延二年（一八六一）正月病死仕候

一、父　河内山寛方

前田斉泰代嘉永五年（一八五二）七月、亡父判左衛門跡目として遺知弐百石相違無相続申付られ、大小将組へ指加られ、其後役義相勤、明治二年三月三等上士申付られ、同年十月士族命られ、給禄九拾壱俵三斗三升八合御改下賜、同五年（一八七二）十一月十七日隠居願の通御聞届御座候

一、母　士族 佃　久太妹

弘化三年（一八四六）縁組申合候

一、妻　河内山寛方娘

一、長男　河内山橘太郎

一、次男　河内山亦次郎

一、母方 おち　佃　久太

一、同 実おち　士族佃久太実弟 佃　甚太郎

一、同 おは　士族佃久太弐番目妹 安井鑑太郎母

一、同 いとこ　佃久太長男 佃　平太郎

一、同　同　同人二男　佃　久也

一、同　同　同人娘　大地昌行妻

一、同　同　同人□番目娘　大薮清八妻

一、同　同　同人手前ニ日在候　娘弐人

一、同　同　士族　安井義礼

一、同　同　安井鑑太郎弟　安井常松

一、母方　いとこ　安井鑑太郎弐番目弟　安井乙松

一、同　同　安井鑑太郎妹　士族　永井尚英妻

実方

一、祖父　榊原守典

実は前田斉広執政本多安房守家臣上田八百記弟ニ御座候処、前田斉広家臣本組与力榊原武兵衛養女へ婿養子罷成、文政四年（一八二一）亡養父跡目として遣知百五拾石相違無相続申付られ、数十年品々役義相勤、嘉永五年（一八五二）五月三拾石加増知給り、安政五年（一八五八）小松馬廻申付られ、文久元年（一八六一）隠居申付られ、本高の内五拾石隠居料として給り候処、明治五年（一八七二）隠居料廃られ、本高へ結込御定格の御改高ニ御引直、父榊原守郁へ下賜候

一、祖母　榊原武兵衛養女

実は前田斉広執政奥村丹後守家臣斉藤与右衛門娘ニて、武兵衛外孫ニ御座候処、文化十二年（一八一五）病死仕候

一、父　榊原守郁

前田斉泰代文久元年二月、榊原守典隠居申付られ家督相続、本高の内百三拾石給り、品々役義相勤候内、明治元年徴士越後府権判事拝命相勤、同二年職務等免せられ、同五年守典隠居料廃され、本高の結込御定格の御改高ニ御引直下賜候

一、母　士族 林徳孝養姉

天保十年縁組申合候

一、兄　榊原守脩

前田慶寧代慶応元年新番組申付られ、格の通宛行給り、数役相勤其後新川県権少属拝命相勤罷在候処、明治五年長男ニ付給禄廃され候

一、姉　士族 三田村温宗妻

一、妹　士族 武　信義妻

一、父方 おは　士族榊原守郁姉 石黒百寿母

一、同 実おち　士族榊原守郁実弟 土田守直

一、母方 養おち　士族 林　徳孝

一、同 おは　林　徳孝妻

一、おい　榊原守脩せかれ 榊原彦太郎

一、めい　右同人手前ニ罷在候 娘弐人

一、おい　三田村温宗長男 三田村作太郎

一、同　　　同次男　三田村幸次郎

一、父方いとこ　士族　石黒九六（百尋）

一、父方いとこ　石黒百尋弟　石黒五十二

一、同　同　同人妹 士族　林　省三妻

一、同　同　同人弐番目妹 士族　石黒　妻

一、同　同　同人三番目妹 士族　林　妻

一、同　同　同人四番目妹 士族　榊原守脩妻

一、同　実いとこ　土田守直せかれ　土田鉄雄

一、同　同　同人手前ニ宛在候　娘壱人

一、同　同　同人弐番目娘 士族　小坂他丑妻

一、母方いとこ　林徳孝せかれ　林　直

一、同　同　同人手前ニ罷在候　娘壱人

一、同　同　同人長女 士族　藤江乇一妻

一、宗旨は禅宗、寺は金沢八坂雲龍寺ニ御座候

右私先祖由緒并一類如斯御座候、此外近キ親類縁者御座無候

明治五年十一月

石川県権令　内田政風殿　印

あとがき

金沢のとある路上で、お互いに驚愕の声を上げたのは、今から二十数年も前の事で、先代河内山一夫氏と私の、全く予想もしなかった偶然の、三十五年振りのめぐり逢いの一コマだった。「今何処に？　何をなさっているの？」と矢継ぎ早の質問に、「金沢で古文書を読んで、発表などしています」と答えたところ、「古文書なら家にもありますよ」との事で、他日拝見のお約束をして別れた。

実は、河内山家は私の実家のお向い、旧備中町本通りの中央にあり、私の子供の頃の旧武家屋敷の、長い土塀を囲らした、広い大きな石畳が敷かれた門は、郷土史家故山森青硯氏が、「馬繋ぎのついた立派な門やった、金沢の長町でもあんないい門は無いぞ、何度あれを（長町から）見に行ったやら、あれだけは何としても残さなならんもんやった」と、感慨深げに仰有ったものだった。馬繋ぎは、守脩の三男先々代卯三郎氏が、陸軍々人であり、退役中佐として、長く旧男子中学校の軍事教官をしておられた関係で、馬を繋ぐ為に使用され残ったものと思われる。私達町の子供は、門内へ入る事は無かったが、小雨の時でも門の下で遊ぶ事が出来る、便利で重宝な場所で、そのように大切な門であったとは、全く気付かずに過ごしていた。現在は八軒位しか残っていない、古い家の一軒で、現在の正門は、一夫氏の時代まで「明かず

の門」と呼ばれていたもので、由緒正しく、礼儀正しく、品格・家格共に別格のお家である。

一夫氏は私の兄の小学校の友人、又信子夫人のお兄様と私の兄は、小・中学校の級友、二人のお姉様は、姉と私の小・女学校の級友であり、信子夫人と一夫氏の妹さんも、私達と小・女学校一緒の友達同士で、とは言っても、この家のお子様達とはご挨拶程度の言葉を交わす位が常で、お友達として一緒に遊ぶ事など一度もなかった、と言う関係だった。

御門内に入ったのは、それが生まれて初めての事で、古文書は、この家の新築当時は珍しかった洋間で拝見した。今までに家族以外に誰も見せた人はいない、との事で、「中々読めないし、お役に立つならどうぞ」と言われ、非常に有難く、心のときめきを抑える事が出来なかったのを覚えている。信子夫人から、榊原守典はこの家では、「拙拠さん」とお呼びしている、等のお話を伺った。

その頃の私は、夫と長い間取りかかっていた研究を、本に出版するのに忙しく、又次々と夫と一緒の研究に忙しく、そうこうする内、信子夫人が亡くなられ、それを追うかのように、一年後には一夫氏が亡くなられ、そして私の夫が亡くなりと、いろんな事が重なり、この三年位前から、どうにか落ち着きを取り戻し、河内山家文書を読む事が出来るようになった。

河内山家文書は、これまでに一昨年[402]「天保十五年六月　金監焗と立山登臨」を、昨年[403]「弘化四年三月　御蔵所巡見紀行」を発表し、中々解読困難な文書である事は承知していたのだが、今度の文書は、それを遥かに上回る、字体の難解に超の付く代物で、根気と努力と、熱意を試されるに充分なものだった。どうにか読み終えた時には、一夫氏の御厚意に報いる事が出来そうな安堵と喜びと共に、御生前にかなわなかった事への、慚愧の思いに胸が痛んだ。

前にこの文書は、守時が父守郁の日記を書き写したものか、と推察をしたが、実のところ、守郁の自筆原本ではなかろうか、との疑念も起きている。それは、この文書の終わりに近い部分の筆跡が、かなり書き流しの様子を呈しており、守時の腕の疲れからのくずれか、とも思えるが、最後はひどくくずれた字体で、守郁の死の四ケ月前の、病気による身体不調によるものとも思われ、最後の明治二十二年を二十一年とする誤記もあり、その欄外の書き込みの、二十二年の誤りではないか、の字は綺麗で、これは守時の筆跡かと思われるところから、或いは原本ではとの思惑は、現在その真偽の決定は不能である事は残念であるが、どちらにしろ、実に価値ある文書であると思う。

この文書から私は、友人数人の御先祖の名前と出会い、そのいろんな姿に感動を覚えたり、沢山の発見があった。読者の中には、御自分の御先祖の生前の息吹きを感じ、感銘を受ける人も少なからずあるだろう。又いろんな分野で研究活躍されている人々の活用により、この文書の真価が認識され、必ず高く評価されるようになるものと、大いに期待をしている。

終わりに、金沢市立玉川図書館近世史料

(402)「石川郷土史学会会誌」第46号
(403)「石川郷土史学会会誌」第47号

金沢市蛤坂妙慶寺（松平大弐菩提所）榊原家墓。左は守典の墓。

館の諸氏に、長期間の閲覧サービス・御教導、同館閲覧室、高岡市立中央図書館野口充子、七尾市役所和田学、妙慶寺、三田裕一、虎井吉雄の諸氏の御教導・御助言深く感謝致します。又河内山道友氏・御母堂様・榊原守保氏の御理解と御協力に深謝し、故一夫氏御夫婦に心からお詫びと感謝をし、御冥福をお祈り申し上げます。

最後に出版に際し、桂書房代表勝山敏一氏に心から感謝申し上げます。原稿を携え桂書房を訪ねたのは、まだ時々は暑さの残る頃でした。何とか出版をと熱心に話す私を終始穏やかに落着いて聞き入れて下さる態度に安堵し望みを託した。日ならずして〝後世の人の為に恥じない立派なものを作りましょう〟との承諾を得、代表の信念と誠実なお人柄を感じ、よろこびと共に責任感を新にした。又同社社員の方々からは、細やかな配慮・助力を賜り、心から感謝申し上げげたい。

多忙な師走に自身の不注意から大怪我をし、出版予定を大巾に狂わせ大変なご迷惑をかけた事をお詫び致し、今一度代表・御一同様に深謝する次第です。

著書及び論文（英文のものは略す）

◎「鳥井権之助と加賀藩への意見書」『加賀藩社会経済史の研究』地方史研究叢書10　ロバートG．フラーシェムと共著、若林喜三郎編　名著出版　１９８０

◎「加賀、その穏やかな変化」『近代化の推進者たち…留学生・お雇い外国人と明治』ロバートG．フラーシェムと共著　A．バークス編、思文閣出版　１９９０

◎「蝦夷地場所請負人―山田文右衛門家の活躍とその歴史的背景」ロバートG．フラーシェムと共著　北海道出版企画センター　１９９４

◎「明治三年金沢藩女子英学生の系譜」『開成会会報』第54号、東京開成学園　１９８２

◎「嵯峨寿安留学への推薦状と渡航許可まで」『石川郷土史学会々誌』18号　１９８５

◎「金沢市金石町の〝かもり〟考」『市史かなざわ』第４号　金沢市　１９９８

◎「円山川通船の加賀藩企画説についての一考察」『富山史壇』第１４５号　越中史壇会　２００４

◎「卯辰山養生所設立起源についての異論―佐野鼎の「日記」と福沢諭吉の「西洋事情」から―」『石川郷土史学会々誌』第41号　２００８

◎「新史料による陸蒸気器械をめぐる諸動向」『石川郷土史学会々誌』第43号　２０１０

現住所

〒９２０－０８６７
石川県金沢市長土塀３－11－13　☎（０７６）２２３－２９０１

略歴
Flershem N.Yoshiko（フラーシェムN．良子）
1920年　金沢市生れ。
1939年　石川県立金沢第二高等女学校・同校家庭科
1958－1961　金沢大学庶民史料調査委員会助手
1961－1964　金沢大学・ペンシルヴァニア大学姉妹校人物交換で渡米
2015.5.20　石川県より優秀実践活動表彰

榊原守郁史記

2016年4月10日　初版発行

定価　本体 2,400円＋税

著　者　　フラーシェムN．良子
発行者　　勝　山　敏　一

発行所　桂　書　房
〒930-0103 富山市北代3683-11
電話076-434-4600
振替00780-8-167

印　刷／株式会社 すがの印刷

ISBN978-4-86627-003-6

地方小出版流通センター扱い